河出文庫

10代のうちに本当に読んでほしい「この一冊」

河出書房新社編集部　編

河出書房新社

目次

I

II

III

10代のうちに
本当に読んでほしい「この一冊」

I

森に分け入る　角田光代

『問題があります』　佐野《さの》洋子《ようこ》　著

筑摩書房　2009年

朝から授業はあるし友だちとのつきあいはあるし、宿題も習いごともあって、学校にかよっているあいだは本当に忙しいはずなんだけれど、今思い出すと、圧倒的にひまだった。あの「ひま」な感じ、物理的な時間の余裕というよりも、身体的なことだけでなく、集中力や瞬発力、好奇心なんかもぜんぶひっくるめた体力だったんじゃないか。たとえば読書。十四歳のとき私が夢中で読んでいたのは井上《いのうえ》ひさし『吉里吉里人《きりきりじん》』だ。おもしろくてやめられなくて、でも読む時間がゆっくりはとれなくて、授業中、机の下に隠して読んでいた。

机の下に本を隠して読書ができるくらい、あのころは体力があったのだ。今じゃとても集中できない。思い返してみれば、ドストエフスキーもトルストイも高校生のときに読んだ。きっと意味なんかわからなかったと思う。でも、理解した気になって懸命にあれこれ考えた。わからなくともとにかく、がりごり読んだ。そういえばあのころは授業とはいえ漢文も古典文も読めたんだなあ。

ヘッセ、ゴーゴリ、ボルヘスにリルケ、魯迅《ろじん》、なんで読もうと思ったんだろう。本棚に今もある色あせた背表紙を見ても、内容をはっきり思い出せるものは少ないから、きっとちっとも理解していなかった。バタイユの本なんて、きっと本棚に置きたかっただけだ。

日本の小説はまだ感覚的に理解できた。谷崎潤一郎《たにざきじゅんいちろう》は教科書に載っていた『陰翳礼讃《いんえいらいさん》』の、薄闇の描写にしびれて文庫本を次々と買った。なんとなく、隠れて読まなきゃいけないような気分でどきどきしながら次々読んだ。しびれる、といえば十代の私は梶井基次郎《かじいもとじろう》の短編小説にいちいちしびれていた。かと思うと、夢野久作《ゆめのきゅうさく》のタイトルと文庫本表紙に惹かれて買って読み耽《ふけ》ったりもした。稲垣足穂《いながきたるほ》は名前がすてきで買ったものの、ちっとも理解できなかった。

うれしかったのは庄司薫《しょうじかおる》のシリーズものに出会えたこと。当時、薫くんが私にとっていちばん近い言葉で話してくれる本のなかの友だちだった。ホールデンよりずっと近かった。それでもライ麦畑だって充分好きだったのに、サリンジャーは『大工よ、屋根の梁を高く上げよ／シーモア――序章――』のほうが私は好きだ、なんてこっそり思ったりした。そういうことが思いたかったんだろう。

しかしながら、ドストエフスキーとサリンジャーと谷崎潤一郎と夢野久作と、まったく手触りの異なるものを次々と読んでいくその雑食感も、雑食しておなかをこわさない感じも、ありあまる体力ゆえだなあと思う。その体力ってつまり、自分というものをまだよく知らないことにも拠《よ》る。自分を知らないということは、自分の限度、キャパシティを知らないということだ。知らないからこわくない。好きじゃないかも、とか、わからないかも、なんて思わない。

そうしていちばん好きだったのは太宰治《だざいおさむ》だった。この作家は私のなかではほかの作家と明らかに違った。「この人は私のことを書いている」と思っていた。とうに亡くなっている作家に、どうして私はこんなにわかってしまわれているのだろうと本気で思っていた。ほかの多くの既読本は、内容や読んだときの気分をすっかり忘れているが、太宰治だけは、今読みかえしても、どの部分で自分が錯覚したのかがはっきりわかる。わかるから、たいへん恥ずかしい読書になる。

大人になっても相変わらず私は本が好きだけれど、年々、読むのに覚悟のいる本が増えていく。皮肉なものだと思う。理解する力、作品の浸透力、感動の深さは、十代のころより俄然増しているのに、体力のないのがわかるのだ。一〇〇〇メートル級の山を見上げて「登れるかなあ。登れても、下りは無理かも。いや、そんなことより夕食の買いものだ、いや、明日の締め切りだ」と思って引き返す、そんな感じ。

分厚い本、難解そうな本、登場人物の名前を覚えられない本、旧仮名遣いの本などは、あとで時間のあるときにまとめて読もう、と思う。そして時間のあるときなど、そうそうはないのだ。十代のころより自分の好き嫌いがはっきりしているから、手にとる本も限られてくる。たちの悪いことに、ものすごく好きな作家の本だからこそ、読まないときもある。「これはぜったいにおもしろいに違いない。だから今読まなくてもいい」と、あとまわしにする。「好き」に没頭する体力も、かなしいことに減ってしまうらしい。雑食が過ぎると、胃もたれもする。

十代の人に勧めたい一冊なんて、本当の本当は、ない。人から勧められずに、自分自身で本の森に分け入ってさがしてほしい。体力があるからどれだけさまよったって問題ない。そうして自分自身の体をつかって見つけたその人だけの一冊は、その後何年もずっと、どんな友よりどんな恋人より身近に居続けてくれる。

と終わりたいところだけれど、何か一冊、挙げなくてはならない。佐野洋子『問題があります』にしようかな。エッセイ集で、読みにくいことはまったくない。この爽快さ、自由さ、心意気、今はわからなくても、年齢を重ねていくとどんどん輝きを増すだろう。それで思うはずだ、本も私といっしょに年をとってくれるんだなあ、と。「本には近づくなよ」という、魅惑的なエッセイもある。

角田光代（かくた・みつよ）

1967年、神奈川県生まれ。小説家。90年「幸福な遊戯」で海燕新人文学賞、96年『まどろむ夜のUFO』で野間文芸新人賞、2003年『空中庭園』で婦人公論文芸賞、05年『対岸の彼女』で直木賞、06年「ロック母」で川端康成文学賞、07年『八日目の蝉』で中央公論文芸賞、11年『ツリーハウス』で伊藤整文学賞を受賞など。

絶望と紙一重の希望　森達也

『幼年期の終り』アーサー・C・クラーク 著　福島正実《ふくしままさみ》 訳

ハヤカワ文庫　1979年

編集部から、『ほかの誰も薦めなかったとしても、〝絶対に若いうちに読んでおくべきだと思う本〟を紹介します（仮）』という趣旨で原稿を書いてほしいとの依頼が来たとき、僕は真先にSFを思い浮かべた。

つまりScience fiction。直訳すれば科学空想小説。

もしも今のあなたが、このジャンルにあまり興味がないとしても、例えば映画ではこのジャンルを、これまでもさんざん観ているはずだ。最近の話題作ならば『ヒューゴの不思議な発明』や『アバター』、少し前ならば『マトリックス』や『スター・ウォーズ』、『未知との遭遇《そうぐう》』や『エイリアン』、もっともっと古典なら

『猿の惑星《わくせい》』や『2001年宇宙の旅』など、大ヒットした作品はいくらでもある。あるいは漫画の世界でも、『鉄腕《てつわん》アトム』や『ジョジョの奇妙な冒険《ぼうけん》』、『鋼《はがね》の錬金術師《れんきんじゅつし》』や『20世紀少年』など、すべてやっぱりSFだ。

空想ばかりで不安になる？ でも工業用ロボットとか人工知能とかブラックホールとか遺伝子治療とか携帯電話とか多次元宇宙とか、これらはすべて、かつてSFの世界において考案されて、その後に実用化されたり存在を（ある程度は）証明されたアイテムや概念だ。つまりSFとは僕たちの願望の表れであり、未知の領域を探索するためのガイドラインでもある。

でも若いうちに読む本としてSFをとりあげる人は、たぶんあまり多くない。特に書籍という分野においては、何となく教育的な価値がないと思っている大人は少なくない。僕の知っている人は実際に、「SFのような絵空事を信じ込んでしまう子供が多くなるから勧めるべきではない」と言っていた。

ならば言い返さなくては。それはとんでもない勘違いだ。

空想に耽《ふけ》ることは重要だ。特にあなたたちの年齢ならば、現実と空想の境界が曖昧になってまったくかまわない。大人は無理矢理にこの二つを仕分けする。実はそもそも曖昧なのに。

例えばあなたは、木々の葉を見て緑色だと思う。夕焼け空を見て赤いと思う。でもあなたが見ているその緑色や赤色を、周囲の人や僕が同じように見ているかどうかは、実際には誰にもわからない。あなたにとっての緑色は僕にとって紫色かもしれないし、あなたにとっての赤色は、あなたのお母さんにとっては黄色かもしれない。想像してほしい。ならば見える世界はまったく違う。

人の可視光線の波長は、とても狭いエリアで限定されている。人には紫外線や赤外線は見えない。でも多くの動物には見える。ならばやっぱり、見える世界はまったく変わる。

世界は一つではない。多重で多層的だ。そしてSFは、そんなことに気づかせてくれるジャンルだ。まさしく「多重で多層的な世界」がメインテーマであるともいえる。

何を選ぼうか。J・P・ホーガンの『星を継《つ》ぐもの』や『ガニメデの優しい巨《きょ》人。ハインラインの『夏への扉』にジェイムズ・ティプトリー・ジュニアの『たったひとつの冴えたやりかた』。他にはフィリップ・K・ディック、アシモフやカート・ヴォネガット、小松左京《こまつさきょう》や星新一《ほししんいち》も捨てがたい。

でももし、敢えて一冊を選ぶなら、アーサー・C・クラークが一九五三年に発表した『幼年期の終り』ということになる。

あるときニューヨークの上空に、巨大な銀色の円盤が宇宙から飛来してきて、そのままぴたりと静止した。ニューヨークだけではない。ロンドン、パリ、モスクワ、ローマ、ケープタウン、キャンベラ、そして東京。まったく同時期、これらの都市のちょうど真上に、やはり巨大な円盤が停止した。

全世界の人々は、飛来してきた宇宙人によって、自分たちが支配されたことを知った。ミサイルによって抵抗を示した国もあったけれど、宇宙人たちはこれを黙殺した。確かにミサイルは命中したはずなのに、宇宙船には傷ひとつ付かない。人類が立ち向かえるような相手ではないのだ。

いつからか全世界の人々は、宇宙人をオーバーロード（上帝）と呼ぶようになった。ロードには神という意味もある。つまり彼らは人類にとっての新しい神なのだ。オーバーロードたちは優しく、根気強く、そして的確な指示を下し続けた。戦争や紛争は終わり、飢餓や差別や経済格差などの問題も解消された。

こうして人々は、自分たちの上空に円盤が輝き、オーバーロードが自分たちを見守っている日常に馴れ始め、いつしかそれが当たり前になってゆく。国境や宗教もなくなる。つまりジョン・レノンが歌う「イマジン」の世界だ。

でも話はここで終わらない。宇宙船が地球に飛来してから五〇年後、それまでは声だけの存在だった宇宙人の代表であるカレルリン総督が、初めて人々の前に姿を現した。その姿を見て人々は呆然とするほどに驚き、大きな衝撃を受ける。

……書けることはここまで。あとは実際に読んでほしい。オーバーロードたちの狙いは何なのか。地球と人々はどのように変わるのか。そして何が変わらないのか。最後には何が起きるのか。

読み終えたあなたが何を思うかはわからない。僕は十代後半の時期に読み終えたとき、この世界と人々に対して、強い希望を持った。でもそれは、決して楽観的な希望ではない。悲観的な希望だ。絶望と紙一重。だからこそ強い。だからこそ記憶に残り続ける。だからこそ今も大事な一冊だ。

森達也（もり・たつや）
1956年生まれ。映画監督、作家。著書に『放送禁止歌』（知恵の森文庫）、『いのちの食べかた』（理論社）、『死刑』（朝日出版社）、『神さまってなに？』（河出書房新社）、『A3』（集英社インターナショナル）など。

ヤバイくらい胸に迫る、リアルで残酷で優しい物語　金原瑞人

『神様のみなしご』　川島誠《かわしままこと》 著

角川春樹事務所　2012年

数年前、中高大学生むけのアンソロジーを編んだ。『金原瑞人YAセレクション　みじかい眠《ねむ》りにつく前に』（ピュアフル文庫）という三巻本。あさのあつこ、いしいしんじ、江《え》國《くに》香織《かおり》、恩田《おんだ》陸《りく》、小《お》川《がわ》洋子《ようこ》、桜庭《さくらば》一樹《かずき》、皆川《みながわ》博子《ひろこ》、よしもとばななどの短編を三十。さわやかな青春小説はあまりない。そもそも、「青春！」とかいわれると居心地が悪い、くすぐったい、むっとする、そんな若い読者を対象に考えて選んだからだ。そのぶん、危険な作品、物騒な作品、危ない作品はけっこうある。

たとえば、「『共栄ハイツ305』杉並区《すぎなみく》久我山《くがやま》2-9-××」（角田《かくた》光代《みつよ》）、

「タケヤブヤケタ」（梨屋《なしや》アリエ）、「窓」（松村栄子《まつむらえいこ》）、「炎」（川西蘭《かわにしらん》）、「予言」（三浦《みうら》しをん）など、どれもやばい。

なかでもとりわけやばいのが川島誠の「愛生園《あいせいえん》」だ。これについては、三浦しをんさんも「私は最後のブチ切れかたがすんごくかっこいいと思ったんですよ（中略）全編にわたって不穏な感じがすごくあります。これがたまりません」といっている。

当時、「愛生園」という短編は雑誌に掲載《けいさい》されただけで本になってなかった。ところが、この『ほかの誰も薦めなかったとしても今のうちに読んでおくべきだと思う本を紹介します。』が出る直前、「どうだ、これは」といわんばかりに、『神様のみなしご』という本に収録された。

これは連作短編集で、舞台はすべて、愛生園という児童養護施設。昔の言葉でいえば孤児院。そこに送られてくる少年や少女、つまり、親をなくしたり、親や親戚に見捨てられたこどもたちをめぐる物語が綴られていく。

「前にいた中学では、人殺しって呼ばれてました。父が犯罪者だからです。（中略）だから、ここでも、人殺しって呼んでください。ふたりを区別する必要があるときは、ぼくはBって呼ばれてました。人殺しのB。兄は人殺しA」と自分たちを紹介する双子の弟。

風俗の店で働いていた母親が殺されて、この施設にやってきた裕貴《ゆうき》は、つぶやく。「新しい建物に住み、新しい学校に通う。でも、ぼくは、新しくない。」

会社の倒産で両親が自殺し、いったん母親の実家に引き取られるけど、結局、愛生園に送られた理奈は入園して半年後、やっと声をあげて笑う。それから一、二ヶ月後の夕方、「ゆっくりと黒ずんでいく海を見ながら、心の歯止めがきかなくなるのを感じた。私は泣いた。思いっきり泣いた。こんなことは愛生園に来てからはじめてだ。流す涙で、いままで私を包んでいたもの、すべてが溶けていく気がした。」

理奈は、施設の図書館に置かれた一冊の本を読んで「愛生園の図書室にこんな本があるのは、すごい皮肉だと思った」。それは「より愛されているこどもたちのからだの一部となるため」に「寄宿寮で育てられている」、親から見捨てられたこどもたちの物語だった。タイトルは書かれていないけど、これはカズオ・イシグロの『わたしを離《はな》さないで』のこと。ぜひこの本も読んでみてほしい。

川島誠は、現代社会のどこかに置き忘れられたような場所に住むこどもたちを大胆に、やさしく、正々堂々と、細やかに描いていく。やりきれない虚しさ、くやしさ、怒りが充満する空間で、いくつもの物語がほかの物語とからみあい、何人ものこどもたちが交わるうちに、驚《おどろ》くほど豊かな感情が芽生えていく。

暗そうだが、決して暗い作品ではない。なにかしら吹っ切れた爽快感がある。「何が夢かって聞かれたら、この世界をぶちこわすことだって答えるね。」とつぶやく陽一も、怒りをエネルギーにつっぱって生きているし、そんな陽一を頼ってくるこどもたちがいる。

この作品に登場するこどもたちは、それぞれに個性的でリアルで、声まできこえてきそうだ。とくに、チビのゴウジがいい。ゴウジはこの作品に出てくるこどもたちのなかで、ひとりだけここにいられて幸せだと感じ、食事をおいしいと思い、歯医者さんにいくのが好きで、下手なくせにサッカーが好きで、下手なくせにバスケットをやりたがって、いじめた相手の小指に噛みついて、蹴られても殴られても離れない。変なやつだけど、とても魅力的だ。

ゴウジをみて、陽一はこう思う。「こいつ、居場所がないのかもしれない。学校にも、園にも。（中略）友だちもいなくって。それで、スポーツ大会みたいなものがあると、とにかく参加して、時間をすごす。だから、俺、パスする。」

こんなふうに、どうしようもなく不平等で不当で残酷な世界の片隅にささやかな信頼が生まれていく。それはささやかなものだけど、「青春」なんて薄っぺらい言葉ではとらえることのできないものだ。

金原瑞人（かねはら・みずひと）
1954年、岡山県生まれ。法政大学社会学部教授。英米文学翻訳家。とりわけヤングアダルトの分野で精力的な翻訳活動を行う。ジョナサン・ストラウド『バーティミアス サマルカンドの秘宝』（理論社／共訳）をはじめ、訳書多数。その他、『今すぐ読みたい！10代のためのYAブックガイド150！』（ポプラ社／ひこ田中と監修）等。

みじかく・ぴかつ　工藤直子

『博物誌』

ジュール・ルナール 著
岸田《きしだ》国士《くにお》 訳

新潮文庫　1954年

中学生の頃です。ルナールの『博物誌』という本のことを教えてくれた友人がいました。その頃私がいろんな詩集を読んでいるのを知っていて、教えてくれたのです。

（詩はすきだけど……なぜ私に博物誌を？）

ジュール・ルナールといえば、フランスの作家で『にんじん』という作品で有名な人だ、ということくらいしか知りませんでした。

「そのひと作家でしょ？『博物誌』って、生きものたちのことを書いた事典みたいなものかな？」

「生きものは生きものだけどね、たとえば、

『蝶《ちょう》』という題でね……」

こんな文を書いているのだ、と、彼女は即座に暗唱してくれました。


二つ折りの恋文が、花の番地を捜している。


（こ、こいぶみ？　二つ折り？　……なるほど、蝶の羽は「二つ折り」。恋の手紙を届けたいところは……「花」！　きゃ、す、すてき！）

オトメな私は、すぐ好きになりました。もちろん、すぐ全文を覚えました。全文といったって、一行だもんね。

そして私も『博物誌』を探しまくり古本屋さんで入手しました。たしか白水社刊の本だったと思います。

挿絵がまたカッコいいんです。ボナールという、これまた有名なフランスの絵描きさんがスケッチふうのモノクロのイラストを添えています。

ルナールが取りあげた生きものたちは沢山です。ニワトリ、アヒル、鳩、孔雀などの鳥たち。犬、猫、牛、馬、イタチ、トカゲにヘビ、ミミズも参加。ホタル、クジラ、ノミに蟻……約70のイノチや風景が、短文で描写され、読んでいて飽きないのでした。

（おお、どの文章も短くてピカピカだ！）

なんども読み、気に入りの文をみつけて、友人をつかまえては「暗唱」してきかせました。おもに、1、2行の短文を中心に。だって長いと暗記できないもの。もちろん「蝶」の暗唱は定番でした。これはウケました。ほほう！　と感心してくれると、じゃ、じゃ、これは？　「蟻」というのがあるんだけど、と暗唱の押し売りです。あなたにも読んでいただきたいな。

蟻《あり》

1

一匹一匹が、3という数字に似ている。

それも、いるいること、いること！

どれくらいかというと、3333333333……ああ、きりがない。

いかがでしょう。（ほほう？）になった人はきっと小さい頃の日々に、しゃがみこんで蟻の行列を眺めた人かも知れないな。

しかし、この文を読んだとき（アリンコって、3より8に似てるんじゃないかな？）と思い、そのことを友人に言ったりもしました。そうしたら、「蟻を横からみて、その背中の盛り上がりを『3』に見立てたんじゃない？」という意見もあったけど、うーむ。アリンコって上から眺めるよね。横からだと地面にほっぺた、くっつけなくちゃ、だよね。

オトナになってフランス語の発音を知ったとき、（もしかして）と思いました。「8」の発音はフランス語で、えーと「ユィ」という感じです。で、「3」はというと「トロワ」ってな感じです。この文をフランス語で朗読するとき、もし「8」なら

♪ゆぃ・ゆぃ・ゆぃ……と12回くりかえすことになる。(酔っぱらいの蟻みたいじゃない?)。でも、もし「3」なら

♪トロワッ・トロワッ・トロワッ……と行進している感じがするのだけど。

だれも賛成してくれる友だちはいないのだけど、あなたはどう思います?

とまあ、そんなことも楽しみながら、中学の頃から今にいたるまで、愛読書のひとつです。今では新潮文庫の『博物誌』を、人にさしあげたりして、何代目かの文庫が手元にあります。ボナールの挿絵も、ちゃんと入っていてすてきです。ルナールの『博物誌』ふうに、日本の詩人や作家の方が、自分の「博物誌」的文を書いておられるので、それを見つけるのも楽しみです。たとえば、まど・みちおさんも、たのしい短詩を何編か書いておられます。いつかさがしてみてね。

さて、『博物誌』のなかに、ほかにもすきなものが沢山ありますが。とりわけ、ぷぷぷと笑ってしまうのは、「蛇《へび》」という一文です。

想像してみてください。あなたは、どんな文だと思う? なんで、たいていの人が、ぷぷぷ、と笑ってしまうのだと思う?

工藤直子（くどう・なおこ）

1935年、台湾生まれ。お茶の水女子大学中国文学科卒業。女性初のコピーライターとして活躍した後、詩人・童話作家に。『てつがくのライオン』（絵・佐野洋子）で日本児童文学者協会新人賞、『ともだちは海のにおい』でサンケイ児童出版文化賞受賞。『のはらうた』『まるごと好きです』など多くの詩集・絵本・エッセイがある。

生きる、生き生きと！　野中柊

『ウォーターシップ・ダウンのウサギたち』　リチャード・アダムズ 著
神宮輝夫《じんぐうてるお》 訳
評論社　2006年

「サクラソウは終わっていた。」という文章ではじまる、この本を、数年前、久しぶりに手に取ったのは、愛猫《あいびょう》が体調を崩《くず》したときだった。当時、彼女は十三歳で、人間だったらまだ少女の歳だけれど、猫としては、そろそろ老女といってもいいお歳頃。まったく水も食べ物も口にしなくなって、獣医さんに診てもらっても、どこがわるいやら、さっぱりわからなかった。なんの病気か不明だから、治療らしい治療もできない。死んでしまうのではないだろうか。気を揉みながら、点滴で水分を補給し、注射針をつけないシリンジを使って流動食を無理やり口に入れる毎日だった。猫は嫌がって、くるっとした丸い目をしながらも、日々、弱

っていく。どうしたらいいのか、途方に暮れた。寿命なのかな？　無理な延命はせずに、猫のからだの中の自然に任せたほうがいいのだろうか——一日でも長く生きてほしいと、私が頑張れば頑張るほど、私のエゴで猫を苦しめている気がした。

朝、目覚めるのがつらかった。大好きな友達、長らく生活を共にした猫が衰弱していく姿を目の当たりにするのが——でも、ずっと一緒にいたかったから、外出は控え目になり、猫の隣でベッドに横になって、一日中、本を読んだ。死が間近にある。その気配についてごまかしようがない。そんなとき、〈読める本〉と〈読めない本〉とがあると思う。『ウォーターシップ・ダウンのウサギたち』は〈読める本〉だった。いや、〈読まずにはいられない本〉だった。なぜなら、この物語は輝かしい生命力に溢れているから。行間からは清々しい植物の匂いが漂ってくる——「サクラソウは終わっていた。」という文章ではじまるにしても——登場するウサギたちには、ヘイズル、ダンディライアン、ブラックベリ、ホリーなど植物の名がつけられているのだ。そして、彼らは長い耳を揺らし、緑豊かなイギリスの丘陵地帯を走る、走る、全速力で。なにがなんでも生きるために。

かつてウサギたちは、平和で穏やかな村で暮らしていた。けれども、ある日、予知能力のあるちいさなウサギ、ファイバーが迫りくる危険を察して、「すごく恐ろしいことだ！　近づいてくる。ぐんぐんやって来る」と言い出し、さらには「あの危険、あの悪いことさ、あれはなくなっていない。ここに来ている。ぼくたち全部をとりかこんでいる。そんなこと忘れて眠れなんていわないでくれよ。手おくれにならないうちに、ぼくたちは立ち退かなくてはならない」と断言する。ファイバーと仲良しのヘイズルが「立ち退くって、ここから？　この村からのこと？」と訊ねると、「うん、それも大急ぎで。行き先なんかどこでもいい」と言う。いかなる危険が近づいているのか、それはまだわからないのだが、ファイバーの直感を信じる、若いウサギたち十一匹が果敢に村を脱出する。ファイバーの言うところの危機はまだ具体化していないだけに、村の安穏とした生活を捨てて外界に出ていくのは勇気のいることだ。キツネやイタチ、カラスなどに襲われるかもしれない。人間の手による罠にかかったり、猟銃で撃たれたりすることもあり得る。食べ物を確保することができるかどうかも、わからない。外界の危険は未知数だ。村に残ったほうが、むしろ安全なのではないか？　そのことを考えたうえでもなお、十一匹のウサギたちは逃げることにしたのだ――生きるために。がむしゃらに、未来へと生命をつなぐために。

いったい、どこに平和な土地があるのか。でも、躊躇している時間はない。ファイバーが言うように「行き先なんかどこでもいい」のだ。ウサギたちは、走る、走る。そして、仲間同士で助け合い、知恵を絞り、自分の役割を果たし、外敵と闘い、さらに仲間を増やして、冒険に次ぐ冒険の末、ついに安住の新天地を得る。

彼らが脱出したあとでわかることだが、ウサギたちの村のあった場所は、人間の住宅地として土地開発が進められ、逃げずに留まった多くのウサギたちは命を落とす。やはり、ファイバーの予知は正しかったのだ。

どこで、どのようにして生きるにしても、いずれ、どの生きものも死ぬ。では、どこで、どのように死ぬのか、選ぶことができるだろうか。選ぼうとするのは傲慢なことだろうか。死に近しい場所にいる猫の隣で、私はこの本を読みながら、考えずにはいられなかった。そして、エゴであろうがなんだろうが、やはり最期《さいご》の最期まであがいて生きたい、生きてほしい、私の友達に、と切実に思うに至った——それからのことは、また長い話になるから、ここには書かないが、あの頃、いつ死んでもおかしくない状態だった猫は、今はすっかり元気になって食欲も旺盛だ。十六歳になった。猫と私は、この本のおかげで生き延びた、と言っても、おそらく言い過ぎではないと思う。「森では、最初のサクラソウが花を開きはじめていた。」という文章で、この物語は終わる。

野中柊（のなか・ひいらぎ）
1964年、新潟県生まれ。作家。立教大学卒業後、渡米。ニューヨーク州在住中の91年「ヨモギ・アイス」で海燕新人文学賞を受賞し、デビュー。小説『あなたのそばで』『きみの歌が聞きたい』『プリズム』『このベッドのうえ』『昼咲月見草』『公園通りのクロエ』『波止場にて』、童話『パンダのポンポン』シリーズなど著書多数。

これはもう本ではない　吉田篤弘

『フラニーとゾーイー』

J・D・サリンジャー 著
野崎孝《のざきたかし》 訳

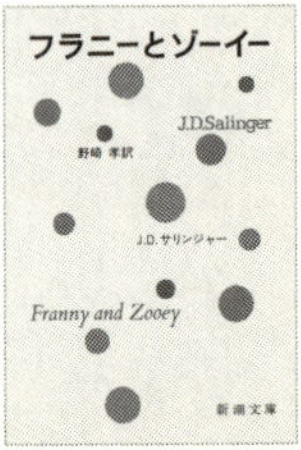

新潮文庫　1976年

十歳のとき、はじめてビートルズを聴いて、ジョン・レノンを知った。その当時、書店の文庫本コーナーに片岡義男《かたおかよしお》さんが訳された『ビートルズ詩集』（1と2に分かれた二巻本だった）が並んでいて、しばらく通って立ち読みをした挙句、小学生の乏しいこづかいを泣く泣くはたいて購入した。

以降、明けても暮れてもその二冊をめくっていた。それで、ジョン・レノンという人は、ナイフではなく「詩心」を内ポケットにひそませた不良少年である、と教えられた。まだ小学生であったが、生意気にもそんなふうに正しく（たぶん）理解し、その結果、大いに音楽に目覚め、文学方面には、ほんの少しばかり目覚めた。

さて、それから六年を経た十六歳のとき、サリンジャーの『ライ麦畑でつかまえて』を図書館で見つけて読み、主人公のホールデン・コールフィールド（もまた十六歳である）を知った。それで、めでたく大いに文学に目覚めたかというと、そうではない。

一読して、ホールデンもまた、詩心を内に秘めた不良（ではないのだけれど）少年であると勝手に決めつけた。なにしろこちらは、知識も読書量も貧しい音楽小僧《こぞう》になっていたから、未熟な結論を出すのもまた早い。

目からうろこが――落ちなかった。

ジョン・レノンを先に知ってしまったがゆえ、十六歳という絶好の年齢で読んだにもかかわらず、多くの読者が共感する（らしい）、ホールデンの毒舌かつユーモラスなおしゃべりが新鮮に映らなかった。

歴史的には、ホールデンの方がずっと先輩である。ジョンがホールデンに感化された可能性も否めない。いまなら、二人を比較するときに、そうした背景を参考にするだろうが、頭の足りない単純な十六歳は、それきり、ホールデン少年を忘れてしまった。

というのは嘘である。その二年後＝十八歳のとき、ジョン・レノンが凶弾に倒れ、その犯人が『ライ麦畑でつかまえて』を所持していた、とニュースが伝えた。

立ちすくむ思いだった。頭が混乱した。ひとつだけ確かなのは、ジョンは死んでしまったけれど、ホールデンはいつでも本の中に生きているということ。それなら、ヤツにまた会いたい、と文庫本コーナーを探したところ、『ライ麦畑――』は見当たらず、代わりに目にとまったのが『フラニーとゾーイー』だった。それが出会いで、つまりは十八歳のとき、ジョン・レノンが亡くなったあのころに、この本をはじめて読んだ。

いや、本当を言うと、うまく読めなかった。『ライ麦畑――』のようには、と付け加えるべきかもしれない。理解するために繰り返し読み、何度もつまずき、それでもしがみつくようにして読むうち、二百四十ページの文庫本は、みるみるボロくなっていった。

が、ボロくなってゆくのと引き換えに、こちらの頭の中に、気配と匂いと息と声を伴った淡いカラーの映像がたちあがった。映像が浮かぶ文章は他にも多々あるが、この本がもたらすそれは、他のどれとも違っていた。

映像が——いや、それはもっとはっきり「映画」と言いたい。紙と文字でつくられた映画が自分の体内に注入され、ついでにミニチュア・サイズの映画館がひとつ埋め込まれた。本をひらくと、その映画館の扉もひらく。

上映されるのは二本立てで、『フラニー』は三十分弱の短編、『ゾーイー』は七十八分くらいの程よい長さ。何度も何度も観た。客席は常にがら空きで、あるときは前の方の席に座り、あるときは右寄りの席、いや、いちばん後ろからひっそりもいい、と色々ためしてみたが、どこからどう観ても、最初に観たときと寸分違わぬものが再生された。現実の映画でさえ、十八歳のときに観た映画はいま見るとずいぶん違うと感じるのに、この二作はいつでも同じで揺るぎなかった。

そういった印象からか、この本は、学校をサボって映画を観に行きたくなる「あの気分」になったときに読む。ちなみに、サボって観た映画は、十本のうち八本までもが「ちぇっ」というような代物であったが、残りの二本は間違いなく一生ものだった。その二本を収めたのがこの本である。おそらくは、サボって観たからこそその「一生もの」であったのだと、いまになって思う。

ところで、この本の内容については、ここには書かない。というか、書けない。先に書いたとおり、この本をいまだにうまく読めない。いまでもしがみつくようにして読んでいる。内容ではない。何を読むかではなく、どんなふうにつき合ってゆくかが肝心なのだとこの本を再読するたび思う。もっと言うと、これはもう本ではない。最初に読んだときからこの本は、少々気難しげでとびきり魅力的な「人」だった。書名の「フラニー」は妹の名で、「ゾーイー」は兄の名である。彼らは、いつ会っても忘れ難い二人だろうが、できれば十代のうちに会っておいた方がいい。

そのときは、無論のこと学校をサボり、場末の映画館の闇にしけこむようにして会いに行くのがいい。

吉田篤弘（よしだ・あつひろ）

1962年、東京都生まれ。小説を執筆するかたわら、「クラフト・エヴィング商會」名義による著作と装丁の仕事を続けてきた。2001年、講談社出版文化賞・ブックデザイン賞受賞。著作に『フィンガーボウルの話のつづき』『つむじ風食堂の夜』『小さな男＊静かな声』『圏外へ』『パロール・ジュレと紙屑の都』『モナ・リザの背中』などがある。

波瀾万丈の痛快な小説を楽しもう　木田元

『宮本武蔵』　吉川英治《よしかわえいじ》 著

講談社　1989年

同じ十代でも、十歳と十九歳とでは子どもと大人、とても一緒にはできないよね。いまは十四歳の君たちにねらいを定めよう。十代のどまんなかだし、大人でも子どもでもないその歳ごろが、いちばんおもしろそうに思えるからだ。

そう言う私は、もう少しで八十四歳になる老人だ。君たちとは七十歳も歳の開きがある。永いあいだ哲学の勉強をし、そのあと大学でその哲学を教えてきたのだが、「哲学ってなんですか」なんて質問は、いまはしないでくれ。話がめんどうになる。子どものころから本を読むのが好きだったが、そのうちそんな妙なものにはまってしまったというわけだ。

ところで、いま君たちに、私が十四歳のころに読んだ本の話をするように言われている。だが、それがそう簡単な話ではない。そのころといまとでは、毎日の暮らし方さえまるで変わってしまっているからだ。七十年前と言えば、1942年、アメリカやイギリスを相手にした太平洋戦争が始まった翌年だし、中国との日中戦争はもう五年もつづいていた。

そのころはケータイもなければインターネットもなく、まだテレビさえない。ラジオだって、国営と言ってもよい日本放送協会のチャンネルが一つだけだったし、映画は、だれか大人に映画館に連れていってもらわなければ見ることができなかった。だから、子どもにとって本を読むことは、スポーツの練習と共に、自分だけでできる数少ない楽しみの一つだった。

私は、姉が二人いたので早くから字が読めるようになり、三、四歳から本はひとりで読んでいた。読むのは速かったし、好きでもあった。姉たちの読んだ童話や少女小説などは小学校に入る前に読んでしまっていた。そのころは、本でも雑誌でも漢字にはみな「かな」のルビがつけられていたので、意味はよく分からなくても、読むだけは読めたのだ。

私の父は普通の公務員だったが、自分も本好きだったので、私の読書にも寛容だった。近所の本屋三軒くらいから、好きな本をツケで買えるようにしてくれていたので、自由に買ってきて読むことができた。これはとても良い習慣だったので、私も自分の子どもに同じようにしてやったが、彼らもそうでたらめな買い方はしなかった。

だから、講談社の『少年倶楽部《くらぶ》』に連載されていた、高垣眸《たかがきひとみ》の『まぼろし城』や『快傑黒頭巾《かいけつくろずきん》』、山中峯太郎《やまなかみねたろう》の『敵中横断三百里』や『亜細亜《アジア》の曙《あけぼの》』、江戸川乱歩《えどがわらんぽ》の『怪人二十面相』や『少年探偵《たんてい》団』といった、そのころの代表的な時代小説、冒険小説、探偵小説などは、小学生時代に読みつくしていた。だが、学校の図書室にあるような偉人伝や英雄伝など、先生の勧めそうな教訓的な本には見向きもしなかった。

十四歳になった中学二年生のころは戦争のまっ最中、報道される戦況もまだ景気のいいものだったが、私はあまり戦争には夢中になれず、やたら小説に読みふけっていた。といっても、かなり早熟だったので中学生向きの小説はとっくに卒業してしまい、仲のよい友人の家に、叔父さんの置き土産だといって一時代前の若者向けの大衆小説が山積みにされていたのを、次々に借りてきては読んでいた。

たとえば、林不忘《はやしふぼう》という名で片眼片腕の丹下左膳《たんげさぜん》が大暴れする時代小説を、谷譲次《たにじょうじ》という名でメリケン無宿ものを、そして牧逸馬《まきいつま》という名で現代小説をと、三つのペンネームを使い分けて書きまくっていた長谷川海太郎《はせがわかいたろう》の作品や、『黒死館殺人事件』をはじめとする小栗虫太郎《おぐりむしたろう》のミステリーや秘境もの、「銭形平次《ぜにがたへいじ》」や「むっつり右門《うもん》」といった人物を主人公にした捕物帖《とりものちょう》など、昭和の初めに全盛をきわめた大衆小説を、子どものくせに相当読み散らしていた。

そのほか、『モンテクリスト伯《はく》』『レ・ミゼラブル』『三銃士《さんじゅうし》』といったいわゆる「世界文学全集」のたぐいやアルセーヌ・ルパンものなどの翻訳小説も、中学生になってからは大人向けの翻訳で読みなおし、夢中になっていた。学校の勉強や受験勉強のさまたげになったにはちがいないが、おかげで本を読む楽しさをいやというほど味わい、結局それが生涯の仕事になった。

ところでいま、小学校・中学校時代に読んだそうした本のなかから、君たちに勧めたい一冊を挙げろと言われているわけだが、いろいろ迷った末、結局は次のように決めた。

小学生時代の私のベスト1は吉川英治の『神州天馬俠《しんしゅうてんまきょう》』だった。これは、武田信玄《しんげん》の孫になる十五歳の少年武田伊那丸《いなまる》と彼を守る七人の剣士たち、それに大鷲の背に乗って天翔《あまが》けながら彼らを助ける京都鞍馬《くらま》の隠者果心居士《いんじゃかしんこじ》らが、富士の裾野で織田・徳川連合軍や、南蛮流幻術使《なんばんりゅうげんじゅつつか》いなどをも交えた野盗《やとう》群と激闘をくりひろげる物語だ。空想の翼を思いきりはばたかせた痛快きわまる大伝奇小説である。

次いで、君たちにもぜひ勧めたい、私の中学生時代のベスト1ということになるわけだが、これもやはり同じ吉川英治の『宮本武蔵』にした。『神州天馬俠』もある意味では、武田伊那丸や彼をとりまく少年たちの成長の物語だったが、これもまた、村の暴れん坊の新免武蔵《しんめんたけぞう》が日本一の剣客宮本武蔵《けんかくみやもとむさし》に成長していく一種の人間形成小説と言えないことはない。だが、そんなことより、これもまた波瀾万丈の時代小説、版によって六巻にも八巻にもなっている大長編だが、飽きるいとまもないおもしろさだ。
活字には、テレビ映像やアニメ画像にはできない豊かなイメージを呼び覚ます力がある。そうして呼び覚まされたイメージの織り上げる小説独特のおもしろさをじっくり味わう力を、君たちにも子どものうちから身につけてもらいたいと思うのだ。

木田元（きだ・げん）
1928年生まれ。哲学者。東北大学卒業。学生時代に習得した仏・独・ラテン・古代ギリシア語の知識を背景に、メルロ＝ポンティなどの哲学書の翻訳を多数手掛けている。十代後半の頃は終戦直後で父親がシベリアに抑留されており、生活のため闇屋をしていた。著書に『反哲学史』『闇屋になりそこねた哲学者』『詩歌遍歴』など。

ひゃっけんでいこう　ホンマタカシ

『東京日記』　内田《うちだ》百閒《ひゃっけん》 著

『東京日記 他六篇』岩波文庫　1992年

――外には大粒の雨が降っていて、辺りは薄暗かったけれど、風がちっともないので、ぼやぼやと温かった。――

内田百閒は明治22年岡山県生まれ、東京帝国大学（いわゆる今の東大）を出て、ドイツ語を教えながら夏目《なつめ》漱石《そうせき》の弟子になり、多くの小説、随筆を書きました。小説家の堀江《ほりえ》敏幸《としゆき》さんはよく「小説でもエッセイでもなく…」という言い方をしますが、百閒はそれをナチュラルにやっていた人だと思います。百閒には小説だからこうじゃなきゃいけないー、とかエッセイとはーみたいなカテゴリーを作ってそれを一生懸命守って権威を勝ち取ろうとするような感性は微塵もありません。人間どうにかして自分の居場所を探して確認して整備して、そして守ろうとします。こんな時代なのでそんな保守的な傾向はどんどん加速していると思います。そんな今、14歳の人たちに内田百閒を読んでもらいたいんです。

例えば最近の一つの傾向に一回の失敗を極度に恐れるということがあると思います。失敗したらもう終わり、いわゆる or die です。それプラス独りっ子が増えることでの親の期待関心がその子供に集中し、例えばお受験も子供ではなく親の方がナーバスになります、その親を見て子供も必要以上にプレッシャーがかかり、もし間違って受験に失敗でもしようものなら……いいじゃないですか、その志望校に行ったら本当に幸せだったのか？　なんて誰にも分からないし、それで全てが終わりじゃないと思うんです。それをネタに笑い飛ばすくらいじゃないとこの先とてもやっていけないと思うんです。百閒なんて借金王としても有名です。借金に借金を重ね、最後は開き直って借金のことを錬金術といっていたくらいです。
――往来に乗った水が、まだもとのお壕《ほり》へ帰らぬ内に、丁度交叉点《こうさてん》寄りの水門のある近くの石垣の隅になったところから、牛の胴体よりもっと大きな鰻《うなぎ》が上がって来て、ぬるぬると電車線路を数寄屋橋《すきやばし》の方へ伝い出した。頭は交叉点を通り過ぎているのに、尻尾はまだお壕の水から出切らない。――

僕が1番好きな一節です。お壕から巨大なウナギが這い上がってくる、ヌメヌメ…何度読んでも状況がブワーっと頭の中に広がり、触感みたいなものがザワザワと湧き上がってきます。でも例えば「これって本当のことなんですか？」とか「えーありえない」とか物事の事実関係でしか読めないとしたらすごく不幸なことだと思います。

文章や写真を事実なのか？　それともウソなのか？　で判断するのはナンセン

スだと思います。創作という文字をよくみてください。本当のようなお話を創りあげることがクリエイティブなんです。日本人は本当か嘘かに対して幼稚すぎると思います。あるいは想像力が少し欠如していると思います。本当か嘘かは問題ではなくて、その文章なり写真作品がちゃんとした構造になっていて、物事の見方を変えてくれたり、自分の意識が変化することが出来て、気持ちが愉快になる、ということが大事なのだと思います（ましてや本を読むときに何かの役に立つからという理由で本を選ぶのは、逆に人生の無駄《むだ》だと思います）。百閒の本は僕にとってそういう本です。ある程度長い間生きてきて東京（に限りませんが）で仕事をしていると、残念ながら嫌なことやガッカリすることがあり、不必要にイライラすることがあります。我慢ならないことがしばしばあるんです！……あっ、すいませんちょっと興奮してしまいました（笑）。でもそんなとき家に帰って、なんだかんだあって寝る前に風呂に入ることになります。風呂場の棚に置いてある百閒の本を手にとってなんの気なしに適当なページを開くとこんなことが書いてあります。

——辺りは真っ暗になって、水面の白光りも消え去り、信号灯の青と赤が、大きな鰻の濡れた胴体をぎらぎらと照らした。——

そして、口までお湯につかってブクブクしたり膝を水平方面に曲げて股関節をつかって足首を胸元に引きつけるストレッチをしているうちに、アレ？　昼間に頭にきていたのはなんだっけ？　さて？　ふー、まあいいや、どうでも…という気持ちにだんだんなってきます。よし、風呂からあがってよく冷えた白いワイン飲んじゃうぞ——ということになります（お酒は20歳から）。

百閒の文章にはそんな力が確実にあるんです。

ぜひ14歳の人たちにもそんななるべく役に立たない素晴らしい本をみつけて大切に読んでもらいたいと思います。

って来た。――

――その内に空の雨雲が街の灯りで薄赤くなって、方方の灯りに締まりがなくな

最後に僕が大好きな百閒のエピソードを紹介します。百閒は77歳のとき芸術院会員に推薦されます（もちろん名誉なこと）が、それを断っています。しかも理由が――イヤなものはイヤ――です。素晴らしい頑固ジジイです。見習いたいものですね。少し話はズレますが、もちろん賞を頂くのは素晴らしいことです。でもそれはあくまでやったことに対してのご褒美であるべきです。けしてコネやロビー活動によるものであってはいけないと思います。

ホンマタカシ

写真家。2011~2012年にかけて、自身初の美術館での個展「ニュー・ドキュメンタリー」を日本国内3カ所の美術館で開催。著書に『たのしい写真　よい子のための写真教室』(平凡社)がある。
http://betweenthebooks.com/

手紙の面白さ　出久根達郎

『龍馬《りょうま》の手紙』　宮地《みやじ》佐《さ》一郎《いちろう》

講談社学術文庫　2003年

文章の中で、最も読みやすく、わかりやすいのは、書簡文であろう。個人に宛てて書いているから、何だか自分が受け取り人のようで、非常に親しみやすい（むろん、実務や公用のものは省く）。

夏目《なつめ》漱石《そうせき》の文学を紹介するのに、なぜ、『こゝろ』や『坊《ぼ》っちゃん』等の作品のみが取り上げられるのだろう？　どうして漱石の手紙が披露されないのか。手紙が一番漱石文学の特徴を示しているのに。手紙の文体は、その人の口振りなのである。だから、とっつきやすいのである。時代の古い新しいは、関係ない。

教科書で、世界や日本の歴史を学ぶ。これが、まるで面白くない。事件があっても、生身の人間の動きが感じられないからである。人物の顔が全く見えないからである。

教科書は、どうして人間を描かないのだろう。小説でなく学問だ、という主張なのだろう。描写せよ、と言うのではない。その人物の書簡の一節を引用すればすむ、と言っているのだ。政治上の書簡でなく、プライベートな手紙の一部を引用すればよい。人物の性格、物の考え方、好み、容姿、学のあるなし、すべて、わかる。

たとえば、ここに、宮地佐一郎編の『龍馬の手紙』がある。幕末の志士・坂本龍馬の書簡全集である。龍馬は勝海舟《かつかいしゅう》の弟子で操船術を学び、長崎に商社を作った。犬猿の仲の薩摩藩と長州藩を結びつけ、十五代将軍に政権を朝廷へ返還させた。教科書では、その程度しか説明されない。一体、どのような男であったのか、これだけではイメージがわかない。

手紙を読めば、たちどころに、坂本龍馬の人となりが、くっきりと立ち現われ、迫ってくる。

姉の乙女《おとめ》にあてた手紙。その書き出し。

「この文《ふみ》ハ極大事《ごくだいじ》の事斗《ばかり》ニて、けしてべちや〳〵《べちゃ》シヤベクリにハ、ホヽヲホヽヲいややの、けして見せられる《(ぬ)》ぞへ」

大事なことばかり書いた手紙だから、人にしゃべったり、見せたりしてはいけませんよ、と言っているのだが、照れくさいので、わざとふざけた言葉でつづっているのである。

ホホー、ホホーは、感心してあいづちを打っているさま。いややの、は内緒話につきものの、いやだわ、である。乙女の口癖を写したのかも知れない。

これだけの文章で、龍馬の意外な一面をのぞいた気がするだろう。姉に甘えん坊のお茶目な青年である。

この手紙の中で龍馬は、同志をつのって心を合わせ、よこしまな役人どもといくさをいたし、「日本《ニッポン》を今一度せんたく」する、と述べている。せんたくは、洗濯である。日本をクリーンにする。龍馬の最も有名な言葉である。

龍馬は一種の手紙魔で、先の本には約百四十通の書簡が収められている。江戸期の人間でこんなにも多くの手紙を残した者は（しかもたった三十三年の生涯で）、稀《ま》れである。それも一通が皆長い。百行や二百行の手紙はざらである。

伏見《ふしみ》の旅館「寺田屋」で、幕府の役人百数十名に囲まれ、ピストルをぶっ放しながら脱出した有名な一件を（龍馬の妻となるお龍が、浴室からすっ裸で飛びだし、二階の龍馬に急を告げた）、故郷の高知の兄や乙女に手紙で報じているが、この手紙の文字数が、ざっと七千三百字ある。短篇小説の長さである。龍馬は根っから手紙を書くのが好きだったらしい。ピストルで役人を撃つ様子を、弾丸に当った役人の倒れる場景を、小説家の筆致で克明につづっている。いや、龍馬という人は、世が世であったなら、小説家になったかも知れない。本が好きで（本嫌いという説は嘘である）、海援隊《かいえんたい》という結社をこしらえた時、事業の一つに出版を挙げている。龍馬の生存中は実現しなかったが、死後、『藩論』という本が「海援隊蔵板」と銘打って刊行されている。本に関心の無い者が、出版を企てるはずがない。

証拠がある。やはり、手紙である。姉に、少々面倒なお願いですが、お聞き下されたい、とあり、「あのわたくしがをりし《（居）》　茶ざしきの西のをしこみ《（押込）》　書物箱がありし、其中《そのなか》ニいかにも　こげしか《（焦げしか）》きがみか《（黄紙か）》　のひよふし《（表紙）》かゝり候《そうろう》、小笠原流《おがさわらりゅう》諸礼の書　十本斗、ほんのあつさ《（厚）》ハ一分二分斗の本のあつさニて候（以下略）」この本を送ってほしい、という依頼である。

龍馬は「書物箱」を持っていたのだ。小笠原流諸礼の本が、十冊ほど入っている。焦げ茶色か、黄色の紙の「表紙かゝり候」というから、これは恐《おそ》らくカバーのことである。礼の作法書は、白地の表紙なので、汚れないように龍馬は茶色っぽい紙のカバーを施して、大事に読んでいたのだ。その本を京都の自分に送ってくれ、と頼んだのは、妻のお龍に読ませたかったからである。別の手紙に「けして今時《いまどき》の本やにはなきもの也《なり》」という言葉も見える。あちこちの本屋を探し回ったのだろう。

愛書家の龍馬。

まるで別人のようなイメージの龍馬が、ここにいる。

出久根達郎（でくね・たつろう）

1944年、茨城県生まれ。作家・古書店主。『古本綺譚』で登場。『本のお口よごしですが』で講談社エッセイ賞、『佃島ふたり書房』で直木賞を受賞。著書に『御書物同心日記』『おんな飛脚人』『作家の値段』『七人の龍馬　坂本龍馬名言集』『新懐旧国語辞典』『万骨伝』『人生案内』等、多数。

私の一生をきめた本　柳澤桂子

『刺《とげ》のないサボテン』　高梨菊二郎《たかなしきくじろう》 著

愛育文庫1946年（絶版）

私はどうも変な子供だったようです。

私が生まれたのは昭和13（1938）年です。昭和20年にようやく戦争が終わりましたが、戦後の方が、食べるものがありませんでした。

小学校2年生、敗戦の年のクリスマスの時のことです。ご馳走はないけれど家族で小さいもみの木に飾りを付けて、クリスマスツリーにしました。弟も私も翌朝が待ち遠しくて、早くに目を覚まして枕元を見ると、くつ下のなかに何かが入っていました。表紙は白地に赤と緑の枠で縁どられた、『刺のないサボテン』という本でした。物がない時代だけれどぜひ読ませたいと、父親が苦労したのでしょう。父は、キク科の植物の生殖細胞がどのような染色体構成のゲノムを持っているか、ということを研究していた植物学者で、風変わりでしたが、私とどこか気の合うユニークな人でした。

本の紙はざらざらで、そこに刷られた文字も読みにくかったのです。でもやっと手に入れた本です。それこそ表紙がすり切れるまで読みました。育種家《いくしゅか》だったルーサー・バーバンクというアメリカ人の人生を描いた科学読み物です。彼は後に「バーバンク・ポテト」と呼ばれる美味しくて大きいジャガイモや、刺の無いサボテンなど、77年の生涯に3000種類以上の植物を改良し、新しい植物を作ったことが書かれていました。

この本を読んで、身体《からだ》が震えるほど感動しました。その本が私の一生を決めたのです。

それまでも生きものには関心がありました。折れた葦《あし》がどうして痛がらないのかが不思議で、いまに泣き出すんじゃないかと日が暮れるまで眺《なが》めていたこともありました。蜘蛛《くも》のお腹の中身が知りたくて、石をぶつけてつぶし、それを確かめてスケッチしたり。『アリとキリギリス』を読んで、アリの巣には暖炉があると信じ込んで、見たくて見たくて。それさえ知れれば死んでもいいと思っていました。

高校では生物クラブもありましたが、単なる解剖なんかには興味がありませんでした。もっとその背景にあるダイナミックな、生命の不思議な摂理に心を摑まれていました。日本の大学を出た後、もっと勉強をしたいと思い、ニューヨークに渡りコロンビア大学の大学院に入りました。当時のアメリカはちょうど分子生物学が始まった頃です。新しい生物学の時代が来ていたのです。

年を重ねて学問が進み、やがて生命科学を研究するようになりましたが、はじめは誰もがそうであるように、お花が綺麗とか、アリはどうやって生きているのだろう、という素朴な不思議からでした。

最近の目覚ましい科学の進歩のおかげで、「死」の概念も変わってきました。でも、私たちはなぜ死ぬのでしょうか。人間は古くからそのことを考え続け、命について研究を重ねてきたけれど、なぜ死ぬのかという理由すらまだ分かっていません。

関心は、人それぞれです。私は歌人の斎藤茂吉《さいとうもきち》を研究している人を見て、「なんてつまらないことをしているんだろう」と思ったことがありました。一人の人間が一生かかって成し遂げたことを調べるのと、人間自体の不思議を調べることを比べたら、断然後者の方が面白い。そのダイナミズムを知ることに勝ることはないだろう。私の人生は、生命の不思議さに魅せられ、その面白さを伝えたくて、科学者として研究をし、途中からはサイエンスライターという書き手の道を選び、人間とは何か、生命とは何か、ということについて見たもの、考えたことを伝えてきました。でもそれは、そんなに簡単なことではありませんでした。専門家や研究者ではないふつうの人にとって、ＤＮＡという言葉は分かるけれど、そこから先は分からない。より詳しく説明しようとした時、文章のなかに数式が一つ増えれば、反対に読み手は減ってしまいます。本当に分かって頂きたかったけれど、結局理解して頂くところまでは至らないこともありました。失敗だった、残念だったと思うこともあります。学校の授業がつまらないせいもありますが、でも分かってほしい。生命の不思議を知り、その事々を細かに書いてしまったけれど、省いては面白さに辿り着けないこともあります。例えばいまなら、これから色々なニュースが入ってくるｉＰＳ細胞などは、知の宝庫だと思います。ｉＰＳ細胞はなんだか人々の役に立ちそうだけれど、何のことかさっぱり分からない。それ自体の価値だけではなく、生命科学全体のなかで、どういう位置を占《し》めるか、を分かってもらうのが面白さの醍醐味でもあり、実際は難しいところです。それが私の課題でもあります。これからの科学をどこまで自分たちの世界に受け入れていくかということは、やはり皆で考えなくてはいけないことだから、生命について知って頂くことが重要なのです。

　いまの教育では、自分に見合った職業を見つけることは、簡単ではないかもしれません。でもそれは誰にでも、絶対にあります。どこかで何かが気になったり、好きだと思うものに出会ったら、それをやればいいと思います。私自身がそうであったように、自分の好きなことをやるのが一番の幸せだからです。迷った時には、伝記を開いてみてください。自分の求める答がそこにはなくても、やりたいことの方向が分かるのではないかと思っています。他の人の人生を照らし合わせられるのは、人間だけだからです。

柳澤桂子（やなぎさわ・けいこ）

1938年、東京生まれ。コロンビア大学大学院修了後、慶應義塾大学医学部助手、三菱化成生命科学研究所主任研究員を経て、サイエンスライターとして生命科学の立場から「生命とは何か」を問い続ける。御茶ノ水女子大学農業博士。著書は『二重らせんの私』（ハヤカワ・ノンフィクション文庫、第44回日本エッセイスト・クラブ賞）、『卵が私になるまで』（新潮選書、第10回講談社出版文化賞科学出版賞）、『遺伝子医療への警鐘』（岩波現代文庫）など。

II

恋愛はしなくてもかまわない　山崎ナオコーラ

『肉体の悪魔』 **レイモン・ラディゲ** 著
新庄《しんじょう》 嘉章《よしあきら》 訳

新潮文庫　1954年

皆さんは恋愛というものを、どう思っていますか。いつか大恋愛をするぞ、と意気込んでいる人もいるでしょう。もしかしたら、すでに彼女（彼氏）がいて、切なさを体験済みの人もいるかもしれません。

でも、私の予想では、こう思っている人が一番多いんじゃないでしょうか。「テレビでも雑誌でも、恋愛、恋愛ってうるさい。まるで恋愛をしていない自分が責められているみたいだ。オレ（私）は、まだ恋愛をしたことがないし、この先も恋愛できるかどうか自信がない」。私自身、十代のとき、そう思っていました。クリスマスには街のイルミネーションのひと粒ひと粒を潰してやりたいと考えましたし、バレンタインデーなどの商業主義に反駁《はんばく》して決してチョコを食べませんでした。当たり前ですが、世の中の全員が、恋愛をする必要はありません。そりゃあ、恋愛向きの人もいます。笑顔が素敵だったり、人に気を遣えたり、とにかく魅力的で、恋愛をきちんと楽しめる、そんな友人が、皆さんの隣りにいるのではないでしょうか。私の近くにもいました。うらやましいと思いましたが、しかし、もともと自分が得意でないことを、どうして周りに合わせて頑張らなくてはならないのでしょう。どうせ努力するなら、自分の得意なことがいい、私はそう考えました。恋愛以外の楽しいことって、実はたくさんありますよね。友達との繊細な会話の遣り取りや、夢中になって夜更かししてしまう趣味や、将来に繋がる勉強もあります。私は十代のときに、恋愛と呼べるほどの経験はしませんでした。片思いはしましたが、まったく動きませんでした。

今は「モテ」の価値が高騰しています。誰もがモテようと努力しなくてはいけないかのようです。「リア充」「非リア充」という言葉が浸透しました。学歴を得るよりも、コミュニケーション能力を鍛えろ、ということも、さんざん聞かされているのではないでしょうか。誰とでも喋れたり、場の雰囲気を乱さなかったり、ポジティヴ思考ができる、というのは確かに素晴らしい資質です。しかし、社会構成員の皆が皆、感じの良い人だったら、つまらない社会になるでしょう。せっかく成熟した社会を形作って、多様性を需要しようとしているのに、若い皆さんが全員ひとつの方向にしか努力をしないとしたら、なんのための「進んだ社会」なのか全くわかりません。それぞれの青春を送って良いのです。きらきらしなくても構わないのです。

ですので、私はこれから恋愛小説を紹介しますが、恋愛を強要するつもりはありません。恋愛をしなければならない、なんて法はありません。したくない人はしなくていいのです。現実と小説は違います。現実世界で恋愛をするかしないかはどうでも良いのです。恋愛小説は面白いです。恋愛に苦手意識がある人こそ、恋愛小説を読んでみて欲しいのです。

私が紹介するのは、『肉体の悪魔』という小説です。ごく短い小説なので、すぐに読み切れるでしょう。作者のレイモン・ラディゲは十六〜十八歳《さい》でこの小説を書いたと言われています。そして、二十歳で夭折《ようせつ》しています。短い人生でしたので、ラディゲが残した作品はとても少ないです。『肉体の悪魔』は若き天才が書いた傑作です。

十五歳の「僕」と、十九歳のマルトの恋愛のあり様が、丁寧に描写されていきます。「僕」は、初めて好きな人に花束を買います。そしてマルトが家に帰って、花束を誰からもらったか、両親に対して嘘《うそ》を言うだろうと想像して、どきどきします。マルトのことばかり考えるようになって、友情をなおざりにします。初めてホテルに入ろうとして逡巡し、フロントでわけのわからないことを言って、帰ってしまいます。

フランスの戦時下で、兵隊に行っている夫を持つマルトですので、「僕」との関係は、今で言うところの、「不倫」ということになります。文学の中にはインモラルなことがたくさんあるのです。現実世界はモラルでできてがっていますが、小説は自由です。先ほども書きましたが、現実と小説は違います。ただ、「僕」の恋心は、特別なものではありません。ごく当たり前な、少年の恋心が丹念に描かれています。

　私自身は、この小説を中学生のときに読みました。高校受験の面接で「最近読んだ本は?」と尋ねられたとき、この『肉体の悪魔』を挙げました。大学受験のときには、小論文の題目に「最近読んだ本について」とあったので、またこの書名を出して「中学のときに読んだが、高校になって読み返すと、また違ったところが見えてきた」と綴りました。一見、受験に不向きな本に見えますが、私は大丈夫だと思いました。「恋愛」や「不倫」ではなく、「小説」として『肉体の悪魔』を認識していたこと、「現実」と「小説」は別物だと考えていたことを、しみじみ思い出します。

『肉体の悪魔』は、心の震えをひとつひとつ書き留めた、ガラス細工のような小説です。この繊細な小説を楽しめる一番の読者は、十代の若者だと思います。ぜひ手に取ってみてください。

山崎ナオコーラ（やまざき・なおこーら）

1978年生まれ。2004年、会社員をしながら書いた「人のセックスを笑うな」で第41回文藝賞を受賞し、デビュー。著書に『人のセックスを笑うな』『浮世でランチ』『指先からソーダ』『カツラ美容室別室』『論理と感性は相反しない』『ニキの屈辱』『ネンレイズム／開かれた食器棚』『かわいい夫』など。

14歳に薦める本　長沼 毅

『若きウェルテルの悩み』

ゲーテ 著
高橋義孝《たかはしよしたか》 訳

※長沼は高橋義孝訳の新潮文庫版を薦めます。

新潮文庫　1951年

私は英雄に憧れている。14歳の頃はもっとそうだった。アレキサンダー大王やチンギス・ハン、ナポレオンなど、領土を拡大するリーダーに憧れたものだ。いちばん好きだったのはナポレオンだ。そのナポレオンがある人物をみてこう言った、「ここに一人の人間がいる」。それは、どこにでもいる一個人という意味ではなく、一個人のうちにあらゆる才能が詰め込まれた全人《ぜんじん》という意味である。それはかの有名な文豪ゲーテのことだった。

文豪ゲーテは高級官僚として政治家として、そして、アマチュアながらも鉱物や生物など自然科学の研究家としても活躍した八面六臂《はちめんろっぴ》のマルチ天才である。ふつうなら理屈か感情か、あるいは、理性か感性かの、どちらかに特化してゆくものだが、ゲーテはどちらも安定して維持しつづけた。ライフワークともいえる大作『ファウスト』を書き上げるのに五十年以上を費やし、それを完成させたのは病没の前年、八十一歳のときというほど長きにわたって、知識に裏打ちされた理性を最高の状態に保ちつづけたのである。

理性だけでなく感性もまた、ゲーテは老いてなお盛んだった。七十三歳のとき十七歳の少女に求婚してふられたほどだ。でも、そのカッコ悪い失恋を詩にしてしまうのが、ゲーテ流の立ち直りの早さの秘訣である。ゲーテは、失恋をふくめたいろいろな失敗にあうと、世の中がいやになり自殺したくなるような人だった。が、しかし、そのたびに詩や小説を書くように自分を仕向けて、自分を立ち直らせたのだ。

ゲーテが生きた十八〜十九世紀のヨーロッパは啓蒙主義の全盛期だった。啓蒙主義とは、理性によって人間の心理や歴史、自然現象などをきちんと順序だてて知り、それらの背後にある規則や法則性を理解しようという思想や行動のことだ。

この頃、ドイツはやや遅れていて、イギリスやフランスなどの先進国から啓蒙主義を取り込もうとしていた。そして、実際にゲーテもそれを学んだ。

しかし、ゲーテは、理性と同じくらい、感性を大切にする人だった。それで、啓蒙主義だけではダメだと考え、もっと感情に根ざした文学作品を書こうとした。そういう思想や行動のことを「疾風怒濤《しっぷうどとう》（シュトゥルム・ウント・ドラング）」という。悶え苦しむ若い感情にうったえる激しい言葉ではないか。14歳の私は、この四文字を目にした瞬間、それまで冷たい氷で閉ざされ、真っ白い霧で何もみえなかった自分の内面が、きれいに晴れあがるのを感じた。

14歳。人を信じていいのか悪いのか、だまされて傷つくくらいなら、最初から信じなければいい。そういうナイーブな理論武装で自分を守っていた。誰も信じられないし、誰も自分のことをわかってくれない。そもそも、自分は他人から信じてもらい、理解してもらうに値《あたい》するほどの人物なのか。自分なんてこの世から消えても誰も気にもしないのではないか。

14歳は、そんな内面の混乱や葛藤が渦巻く年齢だ。その渦中にいるときは孤独感にもまれる。ところが、実は皆、同じように混乱し葛藤している。そして、大人たちも悶え苦しみ、それを通過してきたのだ。そういうことが「疾風怒濤」という四文字をみた瞬間にわかり、私は心から安堵した。14歳の私の心象風景は、当時のヨーロッパで14歳並みの後進国でしかなかったドイツの人々によってすでに共有されていたというわけだ。自分は孤独ではなかった。時代を越え、洋の東西を越えた大きな、人間に普遍的な疾風怒濤の一部だったのだ。

その「疾風怒濤」運動を進めたのがゲーテであり、その代表作が『若きウェルテルの悩み』である。ナポレオンもその愛読者であった。

高貴な身分の青年ウェルテルは豊かな感性をもった芸術家気質だが、実社会においては仕事ができない無能者とみられがちだった。ある日、美貌の才媛《さいえん》シャルロッテに出会ってひとめ惚れしたはいいが、彼女には婚約者がいてやがて結婚してしまった。それでもウェルテルはシャルロッテのもとへ通いつづける。彼女への恋慕はエスカレートするばかりだが、いかんせん人妻である、道徳的にも社会的にも許される恋ではない。ウェルテルはこの絶望的な状況に苦悶し悩みに悩んだが、そこから抜け出せなかった。結局、彼が考えうる唯一の解決策として自殺を選ぶしかなかった。

この小説はヨーロッパで売れに売れた。そして、触発された自殺者も跡を絶たなかったので、「精神的インフルエンザの病原体」といわれたほどである。なぜ、そうなったのか。もしゲーテという「一人の人間」すなわち全人なら、まさに疾風怒濤のようにシャルロッテをとめどなく恋慕する一方、啓蒙主義的に理性的にシャルロッテをあきらめ、別の女性を求めただろう。それがバランスというものだ。ところがウェルテルは感性オンリーだった。感性は理性をともなってはじめて開花し結実するものだったのに。

疾風怒濤と理性がかみ合えば「一人の人間」への道がひらける。それを信じて、いまの苦しみをしっかり苦しみ、いまの悩みをしっかり悩んでおこう。

われ思う、ゆえに我あり（フランスの哲学者デカルトの言葉）

われ悩む、ゆえに我あり（私たちの言葉）

長沼毅（ながぬま・たけし）

1961年生まれ。出身地は三重県だがすぐ名古屋に移り、幼稚園〜高校は神奈川県で過ごす。筑波大学卒業、同大学院修了、理学博士。海洋科学技術センター（現・JAMSTEC）研究員を経て、広島大学大学院生物圏科学研究科教授。深海・地底・南極・北極・砂漠・火山などに住む生き物を研究し、宇宙における生命の可能性を考究する。『形態の生命誌』（新潮選書）、『14歳の生命論』（技術評論社）、『生命には意味がある』（メディアファクトリー）など著書多数。

失敗は人生の障害ではない　橘木俊詔

『あめりか物語』『ふらんす物語』

永井《ながい》荷《か》風《ふう》 著

岩波文庫　1908年（『あめりか物語』）
1909年（『ふらんす物語』）

『あめりか物語』と『ふらんす物語』を書いた永井荷風は、明治、大正、昭和を生き抜いた作家である。1879（明治12）年生まれで、1959（昭和34）年没である。二つの意味で荷風を紹介してみたい。第一は、若い頃の荷風は失敗続きであったが、自分の意思を貫いて作家として好きな道を歩いたのであり、若い時の失敗に負けるなという教訓にしたい。第二に、この両作品を読んでから私がアメリカ、特にフランスに行ってみたいと思うようになったこと。

まず第一のことから始めよう。荷風の父・久一郎は大学南校（東大の前身）出身の官吏《かんり》であり、工部省や文部省に勤めた。明治時代は官僚の地位が高く、かつ東大出が幅を利かしていたので、父は息子に入試の困難な第一高等学校を受験することを半分強要する。一高のような旧制高校を卒業した人は、ほぼ自動的に東大のような帝国大学に進学できた時代である。なんと父は一高の工科の受験を勧めたが、少年時代から文学に憧れていたし、数学の不得意な荷風は不合格となる。父の落胆は大きかった。後に荷風は最初から合格する気がなかったと書いているが、入試失敗後は高等商業学校附属の外国語学校（後の東京外国語大学）の清国《しんこく》語《ご》（中国語）科に入学する。しかしここでも学業よりも文学や落語に精を出し、そして下町歩きで芸者たちと遊んでおり、この学校も結局は中退する。

若い頃の荷風は入試に失敗するし、学校も中退するというように、学業面では何ら成功はなかった。しかし自分の好きな文学をはじめ、下町文化に接する生活によって、生きる道を自分で決めて、その後は思い通りの人生を歩むことになる。そして明治36年の満23歳のときにアメリカに渡り、4年の滞在後の明治40年にフランスに渡る。フランスではリヨンなどにわずか10ヶ月しか滞在しなかった。この米仏両国滞在中に書いたのが『あめりか物語』と『ふらんす物語』である。

第二の話題に移ると、私は学生時代にこの両書を読んで、自分もこの経験をしたいと思うようになったのである。『あめりか物語』はニューヨークでの娼婦を描いたり、日本人同士の恋物語を書いたりで、やや趣味がよくない上に内容は平板であり、私はさほど評価した本ではない。むしろ、この本の中でいつか自分はフランスに行きたいのだ、アメリカでの生活はその準備にすぎないのだ、と書いていることに共感を覚えた。文化豊かで芸術が盛んなフランス、憧れる作家であるモーパッサンやボードレールのいるフランスに行くことが自分の夢であることを語る荷風であった。資本主義が強くなりつつある経済中心のアメリカよりも、文化・芸術の国フランスへの憧れを書いているのである。

私が日本にいた若い頃のフランスはサルトルなどの実存主義が全盛期であり、やはりフランスは文学、哲学、芸術などが誇りの国であった。私個人は『異邦《いほう》人《じん》』や『シーシュポスの神話』などのカミュが大好きであった。哲学、文学などに才能のないことはよくわかっていた私であったが、こういう文化、文明を生んだフランスに一度は住んでみたいと思っていた。私はアメリカ滞在中に自分でフランス語を勉強したほどの熱心さだけは持っていた。荷風がアメリカにいたときに、フランスに恋い焦がれる姿を私自身に投影していたのである。文学に才能のない私は夢も希望もない経済学を専攻するが、アメリカでの学業を終えてから、大西洋を渡って憧れのフランスに行って4年間も滞在したのである。

作品としては、『あめりか物語』よりも『ふらんす物語』の方を好む。リヨンの街の描写、フランスの詩と小説を褒め称える文章、女性の姿を語る箇所など、とにかくフランスに惚れる様子がよくわかる本である。耽美主義の走りとみなされる荷風のフランス描写と人間模様の文章は、私にとっても実感の伴うことであった。後に荷風はイギリスに渡って、食事がまずく文化の香りのしないイギリスをこきおろした文章を書いたが、私も全く同感した記憶がある。

荷風は帰国後に慶應義塾の文学科教授となるが、芸者遊びなどを繰り返し、結局は退職する。その後孤高の作家として下町遊びを繰り返しながらも、多くの作品を世に問うて、作家として成功することになる。

荷風から後《おく》れて約40年後に、作家・遠藤周作《えんどうしゅうさく》もフランスのリヨンに留学する。

遠藤も旧制・灘中《なだ》（現・灘高）を卒業後に旧制高校の入学試験に失敗し続け、不本意ながら慶應義塾大学のフランス文学科で学ぶ。遠藤の父も東大出だったので荷風の父と同じ立場である。しかし才能豊かだった遠藤は『白い人』『沈黙《ちんもく》』などの純文学と、狐狸庵《こりあん》先生などと称して書いた軽いユーモアに満ちた作品で、ノーベル文学賞の候補になったほど大家の名をほしいままにした。

入学試験の失敗や学業不振など全く人生にとって障害とならないことを、荷風と遠藤から感じとってほしい。

橘木俊詔（たちばなき・としあき）
1943年、兵庫県生まれ。経済学者。京都女子大学客員教授、京都大学名誉教授。著書に『格差社会』（岩波新書）、『日本の教育格差』（岩波新書）、『無縁社会の正体』（ＰＨＰ研究所）、『京都三大学』（岩波書店）等がある。

こんな大人もいるんです。　中江有里

『中島らもの特選明るい悩み相談室　その①〜③』

中島《なかじま》らも　著

集英社文庫　２００２年

中学生の頃って、いろいろな悩みがたくさんあって、でも言葉にならなくて。何が悩みなのかも自分で分からないし、ましてや自分の状態をうまく人に伝えるなんてことができませんでした。小学生のときに普通に遊んでいた男子とはどう接したらいいのか分からなくて遊びにくくなるし、女子同士の関係も複雑になってきたり。それまでは素直に親の言うことを聞けていたのに、それがだんだんわずらわしくなったりして。

今振り返れば、「自己」が出てきていたんだなと思うのですが、当時の自分にはそんなこと分かるはずもありませんでした。

そんなときに、朝日新聞の連載で目にしたのが中島らもさんの「明るい悩み相談室」。あれ、「悩み」って暗くて重たいものなんじゃなかったっけ？ と思ってしまうほど、読者から寄せられた悩みも中島さんの回答も、どちらもとにかくユーモラスでおもしろい。軽やかでウィットに富んでいて、もちろんお互いとてもマジメなんだけれども楽しんでいて、開き直りの爽快さ、つきぬけた明るさみたいなものがありました。

たとえば、「おっぱいさわらせて」「五百円くれたら」「二百円にまけて」「もう一声!!」夫と小学校五年の長女がこんな会話をしている。こんなとき自分は妻として、母として、どんな態度をとればよいのか……という悩みに中島さんは次のように答えます。

お手紙を拝見しまして、最初はア然とし、やがてその驚きが激しい怒りに変わってくるのを覚えました。

高い。あまりにも高すぎます。

いったい何を価値の根拠としてそれほどの無謀な価格設定ができるのでしょうか。（中略）お嬢さんは小学生で多額のお年玉をもらったりするために、金銭に対する価値観が狂っている、つまりお金というものをナメているのではないでしょうか。加えて問題なのは（中略）、家族間のコミュニケーションをお金に換算するというウソ寒い状況です。

親子なんだから水くさいこと言わずにタダにさせなさい。（以下略）

また、父親と一緒にお風呂に入っていることを大学の友人に笑われ、父親を傷つけずにお風呂に入らなくてもすむ方法はないか……という悩みには、異常なほどの甘い物好きの家庭に生まれ育った方のエピソード（友人がご飯に生卵をかけるときに砂糖をいれないことを指摘して大笑いされ、自分の家が変わっていたことに気づいた）を紹介しながら、こう答えています。

一見、ごく普通に見える家庭でも、よく聞いてみると必ずアッと驚くぐらいの一癖や二癖はあるものです。（中略）確かに、十九にもなって父親とおふろに入るというのは変わってます。でも、「変わってる」のは「普通」のことなのです。今さらあわてずに、堂々と一緒に入ればいいのです。

——親や友達、先生からは絶対に返ってこないような中島さんの回答がとてもおもしろいのです。1984年から朝日新聞大阪本社版の日曜版で連載され、やがて全国連載になり、1994年まで10年間続いたということなので、かなりの人気コーナーだったのではないでしょうか。私も親や友達には公言こそしないものの、この連載を毎週ひそかに楽しみにしていました。

悩みというのは、誰かに相談した時点で、本人の中である意味解決していたりします。言葉にできている時点でそれなりのカタチになっていて、相手に問い掛けてはいるけれど、実は本人なりの答えは出ていて、背中を押してほしいだけだったり、答えをもらっても結局自分の思うように行くしかなかったりするわけです。

その「悩み」をネタにして、真剣にボケ（相談し）て、真剣にツッコむ（答える）という漫才的な感覚が、この「明るい悩み相談室」の根底に流れていたように思います。悩み相談を通して生まれるコミュニケーションが、読み物の一つのジャンルとしてこんなにも読み手を楽しませてくれるんだ、と私にはとても衝撃的でした。もちろん、当時はただただ単純におもしろいから楽しみに読んでいたのであって、こんな風に考えられるようになったのは、もっとあとからです。

「本を読もう」と言われたり思ったりすると、「何かいいものを読まなくちゃ」とどうしても構えてしまう部分があります。構えることも必要だけれど、単純に「おもしろい」と思うことも必要なんじゃないかな、寄り道してもいいんじゃないかな、と思います。

中学生の頃の私の読書体験はというと、実はすっぽりと抜けていて、これを読んでいた、というものがありません。小学生の頃は、ルブランのアルセーヌ・ルパンシリーズや赤川次郎《あかがわじろう》の三毛猫《みけねこ》ホームズシリーズを読んでいました。高校生になれば、遠藤周作《えんどうしゅうさく》や宮本輝《みやもとてる》などの文学作品を本格的に読みはじめました。そのちょうど間だった中学生の頃は、自分にふさわしい本が分からない時期だったのかもしれません。児童文学でもない、かといって大人びた小説もなかなか響かない。そんな私の中にふっと入ってきたのが、この「明るい悩み相談室」でした。「おもしろい。これ好きかも」と深く考えずに素直に思えて、自分の心が晴れるものを見つけられた喜びがありました。

ちなみに、お気付きかもしれませんが、この「悩み相談室」は、「なるほど、そうか！」と実用できるものはなかなかありません。それならば、なぜこの本を薦めようと思ったのか。それは、中島さんの回答を読んで、「こんな大人がいるんだ」ということを、若い皆さんにぜひ知ってほしいと思ったからです。「大人って、社会って……つまらないなぁ」と感じることがあったら、そんな人たちに合わせる必要は全然ありません。ユーモアや楽しさを理解できずに切り捨ててしまう人や、そんな世の中の流れに合わせていくことのほうがずっとつまらない。おもしろいことはおもしろい、楽しいことは楽しい、自分が好きなものは好き、でいいのです。

「こんな大人がいるくらいなら、今の自分だってこのままでいいのかも」
中学生の私に、そんな風に思わせてくれたのが、この本でした。

中江有里（なかえ・ゆり）
1973年、大阪府生まれ。女優、作家。1989年芸能界デビュー。テレビドラマ・映画に多数出演。2002年「第23回NHK大阪BKラジオドラマ脚本懸賞」にて『納豆ウドン』が最高賞を受賞。著書に『結婚写真』、『ティンホイッスル』、『ホンのひととき 終わらない読書』がある。読書に関する講演や、エッセイ、書評も多く手がける。

堂々と間違えろ!! 雨宮処凛

『COTTON《コットン》100%』 AKIRA《アキラ》著

現代書林 2004年

「逃《に》げろ！ 逃げろ！ 逃げろ！ そして旅立て!!」「落ちろ！ 落ちろ！ 落ちろ！ そして目覚めろ!!」

この本に書いてあることは、そういうことだ。

舞台はアメリカ。20代前半の「オレ」は22ドルと75セントだけ持って旅に出る。ニューヨークを出発し、ヒッチハイクでアメリカを横断する「どん底の旅」。ホームレスのためのシェルターを泊まり歩き、時に極寒の中で野宿し、シカゴでは「物乞い」としてストリート・デビュー。オマハでは「全米一のディナーを誇る」シェルターで出される料理に舌鼓を打ち、ラスベガスでは全財産をスッてしまった大学教授に土下座され、2ドルを貸す。

これ、全部実話なのだから面白くないわけがない。

著者は現在、小説家、画家、ミュージシャンとして活躍するAKIRA氏。ちなみに私が初めて彼を見たのは十数年前のあるイベントでのこと。自らの腕から注射器で血を抜いて字を書くという「血液書道」なるパフォーマンスをしていたのがAKIRA氏だった。半紙に書かれた文字は「努力」。それを水で湿らせ、文字が滲《にじ》んだ状態にしてから彼は一言、言った。

「この作品は、〝血の滲むような努力〟と読みます」

その他にも、ウンコや精液で絵を描いたり、一時期は「おならの瓶詰め」なるものも販売していた。とにかく、天才と狂人を足して二で割らないアーティスト。そんなAKIRA氏が少年だった頃の旅の記録なのだから、いちいちすべてがブッ飛んでいる。

まず、アメリカに行こうと思い立ってからの行動が馬鹿げている。「言葉もできない外国で食っていくには、手に何らかの職をつける必要がある」と一念発起。

まぁそこまでは普通だが、「これしかないぜ」と決めたのが「龍の一筆描き」。地元ヤクザの大先生の特訓を受け、ニューヨークの街頭で「一筆描きパフォーマンス」。しかし、当然食べていけるはずもなく、ジャパニーズ・レストランなどで働きながら作品を作る日々。

そんな彼がある日、「内なる声」に突き動かされて旅に出るのだ。

旅の途中に出会う黒人、インディアン、娼婦、ジャンキー、そして少年たち。東洋人＝「空手マン」だと思い込んでいるアメリカ人に時に勝負を挑まれ、オークランドではお腹をすかせて入ったスーパーで強盗の襲撃と遭遇してしまう。しかし、床に伏せながら匍匐《ほふく》前進《ぜんしん》で移動してメロンにかぶりつき、「肉売り場に行かねば！」と閃《ひらめ》き、サーロイン・ステーキを3パック、リュックに詰め込む。

地上5センチほどの「どん底」から見た世界の、なんと滅茶苦茶で不条理で馬鹿馬鹿しくも美しいことか。

私はいつも、彼のこの言葉の群れを心のどこかに潜《ひそ》ませている。

「だいたいな、『努力』『根性』『忍耐』なんてヒロポンは、オレたちを飼い殺すだけのもんだ。『夢』『希望』『明日』なんてケーキは、オレたちを虫歯にする。『自由』なんて粗悪なマリファナにもひっかかんなよ。もっとヤベーのは街中に氾濫してる『愛』とか『やさしさ』なんていう安ワインだ。こんな唄歌ってるやつのバカヅラ見てみろよ。でっけぇハナクソつけてんぞ。

『善』『正義』『真実』『平等』こんな看板かかげてる売人からは買っちゃダメ。こいつらは観光客や初心者をだまして混ぜもん売りつける。

やつらの得意なウラ技は、甘い言葉と脅し文句。

たとえばこの平均台の上を歩いていけば、安定した地位や名誉や成功が待っているよと誘われる。

もしもそこから落ちたらば、真っ暗闇の地獄だぞって脅される。みんなあせってバランスとって、このせまーい一本道をだまって行進してくんだ。

オレだって、踏み外したときゃビビったよ。ところがだ、落ちてった先にはいったい何があったと思う?

地面だよ。」

この原稿を書くにあたって、ＡＫＩＲＡ氏のブログを久々に見た。そしてそこで、彼が最近癌を告知されたことを知った。ブログを読んで、驚いた。彼は「自分でも驚いたことに、まったくガーン！（ショック）は受けなかった」というのだ。

「人の20倍くらい密度の濃い人生を送ったので、大満足！」

ブログのその言葉を読み、改めて、思った。人が生きる上でもっとも大切なことは、安定した地位でも名誉でも成功でもなく、死ぬ瞬間や死を意識した時、「あー、自分の人生面白かった！」と心から思えることではないのだろうかと。

人生に、正解などない。その上、私がこの本から教えてもらったことは「堂々と間違えろ」ということだ。人はきっと、正しく生きるためではなく、間違えるために生まれてきたのだ。

雨宮処凛（あまみや・かりん）

1975年、北海道生まれ。作家・活動家。著書に『生きさせろ！ 難民化する若者たち』（ちくま文庫）、『小心者的幸福論』（ポプラ社）、『ドキュメント 雨宮☆革命』（創出版）、『14歳からの戦争のリアル』（河出書房新社）など。

嘘のない〝むき出し〟に触れる　小池龍之介

『賭《と》博《ばく》黙《もく》示《し》録《ろく》　カイジ』　福本伸行《ふくもとのぶゆき》 著

講談社　①巻　1996年

「Ｆｕｃｋ Ｙｏｕ　ぶち殺すぞ…ゴミめら…！　おまえたちは皆…大きく見誤っている…この世の実体が見えていない　まるで3歳か4歳の幼児のように　この世を自分中心…求めれば…周りが右往左往して世話を焼いてくれる　そんなふうに　まだ考えてやがるんだ　臆面もなく…！　甘えを捨てろ（……）大人は質問に答えたりしない　それが基本だ」

これは『賭博黙示録　カイジ』の冒頭で、悪党の利根《とね》川《がわ》という男性が言い放つ言葉です。借金まみれの者たちが集められて、このギャンブルに勝てば借金は帳消し、負ければ幽閉されて強制労働、という条件下でおこなわれる、〝限定ジャンケン〟という勝負。

その独特なギャンブルについてのルール説明ののち、参加者から質問が相次ぐのに対して答えない利根川に向かって、「説明しろ」と騒ぎ出す彼ら。それを制すべく叱りつけたのが最初に引用したセリフなのですけれども、悪党なりになかなかハッと気付かせてくれる要素が入っているのが、わかるのではないでしょうか。

思うに私たちは人生を通じて、いろんなものごとを〝当たり前〟として刷りこまれてゆくものです。その〝当たり前〟の中には、自分たちは皆平等であるべきという人権意識や、〝自己実現〟とやらの大切さにはじまって、「学校では質問すれば先生が答えてくれるもの」とか「役所やお店ではわからないことを質問すれば答えてもらう権利がある」といった感覚までもが含まれていることでしょう。

現代人は、そうした〝当たり前〟に反する扱いを受けるとすぐに不満にイライラするか怒り、騒ぎ出してしまいがちなものです。それは、私の見るところ、学校や社会でタテマエ上は「こんな権利が君たちにはある」と教えられて権利意識は肥大化しますのに、現実的にはそんな権利など存在しないという、ギャップに原因があるように思われます。

他の例を挙げてみますと、メディアや教育では「かけがえのない自分」とか「世界でたったひとつの花」とか「その自分が本当にしたいことをしよう」といった、個人を礼賛するメッセージが撒き散らかされています。けれども皮肉なことに、このようなメッセージが勢力を持ち始めたのは、社会が高度に複雑化して分業も異様に進み、一個人などは全体の単なる歯車にすぎぬような現実が圧倒的になってからのことです。

ということは、穿《うが》った見方をしてみますと……。個人個人の価値が暴落して砂粒のような、ないしゴミのようなものになった社会だからこそ、その嫌な事実に直面して人々が絶望してしまわぬように、「あなたたちは、かけがえのない存在ですよ」と洗脳して、せっせと積極的に自分から働くように仕向けようという方向性が、背景にあるのではないでしょうか。

けれども、こうして「自分はかけがえのない、他とはちがう存在」「自分独自のやりたいことを見つけなきゃ」と刷りこまれれば刷りこまれるほど、現実の小っぽけな自分と折り合いをつけるのが難しくなるものです。……他人と、そんなに〝違い〟があるわけでもないのに、必死になって差異化をはかろうとするなら、〝すごく特別な職業〟に就いたり、〝すごく特別な能力〟を身につけたりしなくてはなりませんが、世の中の99%以上の人には、そんなことはできません。結果として、フツーの仕事に就いた自分にイライラして辞めたくなったり、あるいはそもそもフツーのことしかできない自分に直面せずにすむように、何もせず家に閉じこもったり、ということも起きています。

　これらは、なめらかに装飾されたメッセージを刷りこまれた結果として、ザラザラと荒らくれた現実に対応できなくなった、現代人の姿と申せましょう。

　その意味で、『カイジ』に登場する悪党たちが、ギャンブルの死闘の合間合間に発するドギツい言葉には、現代社会を覆っている刷りこみを解毒するパワーが秘められているようにも思われるのです。やがて、大金の賭かったゲームが、失敗すると高所から落下して絶命しかねないものになったとき、命ごいをする参加者たちを見ながら、利根川はこう言い放ちます。「奴らにとってこの絶体絶命の橋ですら真剣になれぬ戯言《ざれごと》…言うなら架空の勝負…本当ではない（……）30になろうと40になろうと奴らは言い続ける…自分の人生の本番はまだ先なんだと…！『本当のオレ』を使ってないから今はこの程度なのだと… そう飽きず言い続け…結局は…老い…死ぬっ…！ その間際 いやでも気が付くだろう… 今まで生きてきたすべてが丸ごと『本物』だったことを…！」

ある意味、悪党だからこそキレイゴトを離れて言い放つことのできる名暴言の数々に触れたとき、当時高校2年生だった筆者は、痛快さを感じていたものでした。ギャンブルの限界状況でむき出しにされる人間心理の描写とともに、嘘のない〝むき出し〟に触れられる漫画、です。

小池龍之介（こいけ・りゅうのすけ）
1978年、山口県出身。僧侶。月読寺（鎌倉市）住職、正現寺（山口市）住職。東京大学教養学部卒。2003年、ウェブサイト「家出空間」を立ち上げる。著書に、『考えない練習』（小学館文庫）、『もう、怒らない』『沈黙入門』（以上、幻冬舎文庫）、『平常心のレッスン』（朝日新書）、『坊主失格』（扶桑社）、『いま、死んでもいいように』（ベストセラーズ）、『こころのおまもり』（三笠書房）などがある。

顔で笑って心で怒《いか》る君のために　岡ノ谷一夫

『火の鳥4・鳳凰《ほうおう》編』　手《て》塚治虫《づかおさむ》著

朝日新聞出版　2009年

奈良時代。生まれたその日の事故で片目と片腕を失い、そのことで差別を受けながら育ち、人間不信の盗賊として生きてきた我王《がおう》。若手仏師（仏像彫刻家）として将来を期待され、百済《くだら》からきた弥勒菩薩《みろくぼさつ》像を拝むためにやってきた茜丸《あかねまる》。この二人が山中で遭《あ》い、我王は茜丸の順調な人生への嫉妬から右手を切りつけてしまう。茜丸は絶望するが、仏師としてゼロから再出発を誓う。茜丸の努力は報われ、著名な仏師となるが、仏の魂を彫ることより出世することに目を奪われてゆく。いっぽう我王は茜丸の妹を名乗る無垢な娘に出会い、すべてを受け入れてもらいながらも、人間不信がぬぐい切れず彼女を殺してしまう。自暴自棄となった我王に、とある僧侶が輪廻《りんね》転生《てんせい》（命は巡り繰り返すこと）を説き、道連れとして平泉《ひらいずみ》に旅発つ。道中、我王は自身に仏師としての才があることに気づく。我王と茜丸はその後さまざまな出会いを繰り返し、再び対決の場を迎える。

「火の鳥」は手塚治虫のライフワークとよばれる未完の連作漫画である。1954年に習作が発表され、1967年から本格的な連載がはじまり、さまざまな掲載誌を乗り継ぎながら、1988年まで描き続けられた。手塚はその翌年死去したが、続編のアイデアも残されていたという。数え方にもよるが、現在十数編が残っており、さまざまな出版社から入手可能である。鳳凰編は1969年から雑誌「COM」に連載された。これは僕が10歳のころであるが、僕のいとこに当時高校生の熱心な手塚ファンがおり、僕はしょっちゅう彼の家に行って漫画を読んでいたし、「COM」連載当時の「火の鳥」のイメージが強く残っているから、きっとリアルタイムで読んだのだと思う。僕はその後も「火の鳥」を愛読し続け、何度か全巻セットで購入している。おそらく「火の鳥」連載と同時に読み始めているので、8歳からずっと読んでいるのだ。もう44年も読んでいることになる。

これほど読み続けた物語は他にはないし、今後も読み続けるだろう。大人になって読み返してみると、かつての輝きを失ってしまった物語もあるが、かつてと同様、またはそれ以上の感動を得たものもあった。鳳凰編はなかでも、僕の中で永遠の物語として息づいている。

14歳の僕はみじめだった。異性には興味があっても人気がなく、スポーツはできず、かといって、勉強でも時として補習を命ぜられ、将来の希望は特になく、級友たちが放課後を部活動に過ごすのを横目に、うだうだと帰宅する毎日であった。１９７０年代の日本では、スポーツができない少年に青春はなかった。さらに、僕は生まれつき首のつけねにあざがあり、そのようなあざを持った少年は異性に人気があるはずがないと思い込んでいた。青春という言葉の輝きが持つべき性質を自分がちっとも所有していないことに日々呆然としながら生きていた。みじめな青春の中にいた僕は、輪廻転生を救いとして鳳凰編を読んでいたのであろうか。我王のような圧倒的な強さを持った怒りではなかったかも知れないが、スポーツができず異性に人気がない自分が、時としてすべて壊してしまいたい欲望を持ったことはちゃんと日記に書いてある。だから、我王が作った鬼瓦のすさまじい怒りは、僕にはまっすぐに伝わってきた。怒りを収める一つの方法は、今輝かしい青春の中にいる連中が、次の人生はミジンコかなんかに生まれてくるに違いないと考えることでもあったし、同時に自分が輝かしい人生を歩む回がいつか巡ってくるに違いないと考えることでもあった。しかし、14歳ともなると輪廻転生を素直に受け入れることも実はできなかったのだ。

「火の鳥」鳳凰編は、輪廻転生を主題としているようでありながら、実は人生の一回性を謳《うた》ったものであると読むこともできる。そう気がついたのは、たぶんもっと後のことだ。我王の運命の残酷さや、茜丸のおごり高ぶりの愚かさ、それによる躓《つまず》きと失敗などを含めて、一回性を慈しむ気持ちが、この物語から養われていった。輪廻転生は怒りを慈しみに変えるためのたとえ話なのかも知れないと、だんだん気がついてきた。きっかけは、茜丸のもとにあらわれる泥棒娘のブチである。ブチは茜丸が彼女を人間として受け入れてくれたことへの感謝から観音像のモデルとなり、観音像を演じ続けることで無限の母性を獲得する。この無限の母性は、茜丸のみならず我王も包み込むことになる。ブチは当初、性的なものとして現れるが、性的なものに留まらず、生命そのものの肯定として物語全体の屋台骨となるのである。であるが、この段落に書いたことはきっと今の君たちには通じないだろう。それでよい。

青春の不在と人生の不公平への怒りは、きっと君たちだれにでもあるものだと思う。怒りが強いうちに、この物語を読んでおいてほしい。怒りが強くなければこの物語はしみ込んでこない。そしてこの物語と共に大人になりながら、できればいつかは前の段落に書いたことが通じるようになってほしい。

岡ノ谷一夫（おかのや・かずお）

1959年、栃木県生まれ。米国メリーランド大学大学院修了、博士号取得。東京大学教授。「心はコミュニケーションから生まれた」という仮説を持って、小鳥やネズミのコミュニケーション行動とその学習過程およびコミュニケーションによって伝達される情動についての研究、およびヒトの情動の脳機能イメージング研究を進めている。著書に『さえずり言語起源論』『言葉はなぜ生まれたのか』『ハダカデバネズミ』『言葉の誕生を科学する』『「つながり」の進化生物学』等がある。

世界にも自分にも誠実であるとは　服部文祥

『本当の戦争の話をしよう』

ティム・オブライエン 著
村上春樹《むらかみはるき》 訳

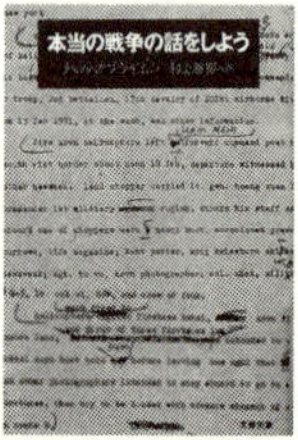

文春文庫　1998年

考えて山に登る。

その山で、考えてもみなかったことが起こり、個人的な発見がある。それを日本語に置き換えて言語芸術にする。おおざっぱに言って、それが私のライフワークです。

人間が作り出す芸術作品はいろいろな形態がありますが、すべて内容と技術（表現形式）の両輪からできあがっていると私は考えています。絵画ならモチーフとタッチ、音楽なら曲と演奏、文章ならストーリーと言葉です。音楽的能力が高いと楽譜を見ただけでその作品が頭の中で鳴り響くといいます。しかし、多くの人は演奏や録音を聞かないとその音楽作品を体験することはできません。もし演奏がまずかったらどうでしょう。その音楽作品が持っている魅力はとても伝わらないのではないでしょうか。言語芸術でも同じことが言えます。文字表現が達者でないと、ストーリーは読者の心に響いてこないのです。

私が紹介する本は、ティム・オブライエンというアメリカ人の言語芸術です。題材はベトナム戦争。日本を代表する作家である村上春樹が二〇年以上まえに翻訳しました。

内容は題名の通り、一兵士が体験したベトナム戦争の報告です。わくわくどきどきさせられるストーリーではありません。

近現代の戦争は「否定すべきもの」という前提で扱うことが日本では習慣になっています。主張が反戦でなければ、もしくは反戦要素が入っていなければ、日本では戦争作品が評価されない傾向にあるのです。

ロボットアニメなどでは戦争や戦闘にともなうロマンを前面に押し出して、ドラマを盛り上げていきます。壇ノ浦の戦いや天下分け目の関ヶ原が芸術作品の題材として扱われるときには、反戦要素は考慮されません。なぜ太平洋戦争以降は違うのでしょうか。

戦闘の規模が拡大し、戦士以外の民間人が多く犠牲になったからかもしれません。太平洋戦争が負け戦《いくさ》だったからかもしれません。日本が殺戮《さつりく》行為の対象になったからでしょうか。

本書は戦争の正誤や善悪に関して分析したり解説したりしません。そういうことをほのめかすこともなく、ただ戦争を人の行為としてとらえ、内側からその細部を積み上げることで、戦争とはなにかを浮き彫りにしていきます。

戦争の日常や生活、装備や行軍、兵士の個性、ベトナムの人々、仲間の死、自分が手を下した敵兵の最期《さいご》などがエピソードとなってランダムに語られます。自国で徴兵拒否するか悩む若者、幼い日々の死を巡る思い出、兵役を終えた兵士の末路など、戦争の周辺にも目を向けてごまかしません。

戦争とは、醜く否定するべきだけのものではないことも語られます。統一を持って展開する部隊の美しさと戦闘の残虐的結末。戦闘の合間に訪れる静寂に感じる平和。仲間や敵の死で感じずにはいられない自分の生。それは醜の中の美、戦争の中の平和、死の中の生、というさまざまな二重性へとつながります。

絶対的な悪とされる戦争が、見方を変えれば内側に善とも言える要素を含んでいる。体験や感情とは、それだけを取り出せば善悪では判断できないものだと私は思っています。それは善悪を越えてそこに存在してしまうものだからです。本書は私がはじめて出会った、戦争をごまかさないでそのまま提示する作品でした。「本当のことが書いてある」と全身で感じることができる作品だったのです。

表現にも触れておきましょう。私はまず、村上春樹の日本語が好きです。うまいと思います。巧みな比喩はもちろんですが、口語的な文語というのでしょうか、難しい漢字や熟語を使わずに、話を展開していきます。たとえば「考える」を「思考する」とか「考察する」などと言わずに「うんうんうなった」とか「首をかしげた」とか「本当の意味を探した」とか、なじみのあるクリアでブレのない表現にして文章を作り出します。演奏のたとえでいうなら、村上春樹の翻訳はメロディーをなんとなく追うのではなく、それぞれの楽器がきっちと丁寧に音を出しているのです。オブライエンが作曲した傑作交響曲を村上春樹交響楽団のすばらしい演奏で日本語に置き換えることに成功したといえるでしょう。

この本は私がはじめて自分の本を作るときに何度となく読み直したものです。登山とはなにか、登山者とはなにか、「本当のことを書きたい」と思いつづける私は、今でも本書をよく読み返しています。内容に関しても、表現に関しても、学ぶことが多く、書き手としての覚悟も教わった本書を、私の一冊としてお薦めします。

服部文祥（はっとり・ぶんしょう）

1969年、神奈川県生まれ。登山家・作家。国内外に登山記録を持つ一方で、みずから「サバイバル登山」と名付けた登山を実践する。すなわち、食料を現地調達し、装備を極力廃した長期の登山である。その実践の記録として『ツンドラ・サバイバル』『サバイバル登山家』『狩猟サバイバル』（以上、みすず書房）、『サバイバル登山入門』（デコ）、思想を記した『サバイバル！』（ちくま新書）、『百年前の山を旅する』（東京新聞）、編著に狩猟の精神に迫ったアンソロジー『狩猟文学マスターピース』（みすず書房）、『富士の山旅』（河出文庫）などがある。

世界一タフな男　森絵都

『冒険者カストロ』　**佐々木《ささき》譲《じょう》**著

集英社文庫　2005年

フィデル・カストロ。今の若い世代で、この人物をどれだけの人が知っているだろうか。名前くらいなら聞いたことがあるかもしれない。キューバの国家元首を退いて以降は滅多にメディアにも姿を見せないため、トレードマークの髭面を知らない人もいるだろう。

そもそもキューバってどこだ、と首をひねっているあなた、今からでも遅くはないのでぜひこの島国の歴史を知ってほしい。カリブ海に浮かぶ小さな国でフィデル・カストロが何を目指し、何を成し遂げたのか。知れば、きっと元気がわいてくる。ほれぼれするほどタフな男の起こした革命は、私たち人間の計り知れない底力を見せつけてくれる。

なんといっても彼は強い。常軌を逸して強い。とりわけ、どん底から這いあがる能力はハンパではない。まさに不死鳥だ。本書『冒険者カストロ』はその不屈の精神に彩られた人生前半に焦点を当て、彼が革命家として立ち上がっていく姿を活写している。

フィデルが誕生した一九二六年、キューバは米国の完全な従属国家だった。経済・政治の両面から米国に支配されている中、キューバの一般庶民たちは生活に苦しみ、毎年多くの子供が栄養不足と病で命を落としていた。首都ハバナで豪遊していたのは金持ちの米国人ばかり。自分たちの国で国民が貧窮し、米国人と一部の特権階級だけが甘い汁を吸っている。フィデルはこの不条理に戦いを挑んだのだ。

サトウキビ農場主の父を持ち、比較的恵まれた環境で育った彼は、大学時代から政治活動に目覚め、政府や対抗勢力から命を狙われながらも革命家としての頭角を現していく。大学卒業後に弁護士を開業したのちも社会改革の大志は捨てず、反政府集会に参加して逮捕されたりもしているが、自ら自分の弁護士を買って出て熱弁をふるい、見事に無罪を勝ち取っている。

腐敗を極めた政権に対し、本格的な攻撃を開始したのは二十六歳のときだ。武装蜂起。もはや他に手はないと見切ったフィデルは仲間を率いて政府軍の兵営を襲撃、武器を奪おうと画策した。が、計画の不備からこれが大失敗して多くの同志を失い、フィデル自身も逮捕、投獄。最悪の結末を迎えた。

どん底だ。が、そこから彼は這いあがる。獄中でフィデルは学校を作り、同志に哲学や世界史などを教えた。独房へ移されたのちも精力的に執筆活動を継続、片時もじっとしていなかった。そして約二年後には恩赦によって釈放、米国の傀《かい》儡《らい》政権崩壊を願う人々から熱狂的な出迎えを受けたのだった。

その後、フィデルはメキシコへ亡命し、そこでチェ・ゲバラと出会っている。フィデルは知らずともゲバラならば知っているという人も多いだろう。世界的にゲバラ人気が高い最大の要因は「顔がいいことだ」との説もあるが、フィデルと出会った当初のゲバラは結構な小太りだった。そんなことはどうでもいいとして、若くして理想に燃えていたゲバラとフィデルはすぐに意気投合し、キューバへ乗りこんで革命を起こそうと盛りあがる。話術に秀でたフィデルはみるみる仲間を増やし、スポンサーから資金を調達、着々と準備を整えていった。しかし、惜しくも彼には最後の詰めが甘く、焦って勇み足となる傾向もあった。

一九五六年、フィデルはゲバラを含《ふく》む八十一人の仲間と共に船へ乗りこみ、メキシコから母国キューバを目指す。たった八十二人で政府軍を転覆させようとの無茶な試みだ。フィデルは勝つ気でいたものの、案の定、惨憺《さんたん》たる航海の末にキューバ到着後もさんざんな目に遭い、多くの仲間が落命。フィデル自身も命からがら遁走《とんそう》することになる。

またもどん底だ。恐らく彼の人生最大のピンチ。このときフィデルが置かれていた状況を冷静に見れば、百人が百人、いや万人が万人、彼の悪運もここまでだと思うにちがいない。ところが、恐るべきかな彼はそこからも這いあがり、奇跡の逆転劇を展開、三十二歳にして米国の傀儡政権を倒して革命を達成するのである。なんなのだろう、このタフネスは。

本書では触れられていないが、キューバの最高権力を握って以降のフィデルにはきな臭い噂もつきまとう。捕虜を手厚く遇する紳士的な面がある一方、反対分子には容赦をしない独裁的な顔も彼にはある。けれど革命家としてのフィデルも、政治家としてのフィデルも、「国民全員が平等である国づくり」という曇りのない信念を持ち続けたのは事実だと思う。その揺るぎない一念が彼を何度もどん底から這いあがらせた。もしも彼が私欲や浮ついた理想で動いていたとしたら、初の武装蜂起の際、自らの計画ミスから多くの仲間を失った段階で耐えきれず挫折していたはずだ。

信念のある人間は強い。逆を言えば、信念を持つことで人間は強くなれる。フィデル・カストロの人生はその証左だ。ぜひとも若いうちに本書を手に取り、あなた自身が秘めている「人間の可能性」を見つめ直してほしい。

森絵都（もり・えと）
1968年、東京都生まれ。1991年、第31回講談社児童文芸新人賞を受賞した『リズム』でデビュー。同作品で第2回椋鳩十児童文学賞を受賞。『宇宙のみなしご』で第33回野間児童文芸新人賞、第42回産経児童出版文化賞、ニッポン放送賞を受賞。『アーモンド入りチョコレートのワルツ』で第20回路傍の石文学賞、『つきのふね』で第36回野間児童文芸賞、『カラフル』で第46回産経児童出版文化賞、『DIVE!!』で第52回小学館児童出版文化賞、『風に舞いあがるビニールシート』で第135回直木賞を受賞。

これさえあれば、生きていける　新井紀子

『おいしくできる　きちんとわかる　基本の家庭料理　和食篇』

本谷《もとや》恵《え》津《つ》子《こ》 監修
婦人之友社 編

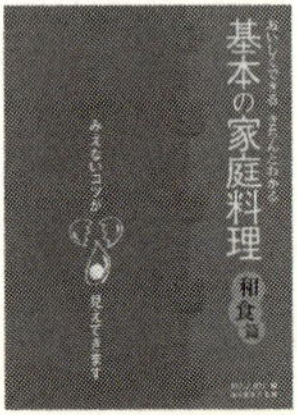

婦人之友社　2005年

誰かのために作った最初の料理は「インスタントラーメン」だった。とある土曜の昼下がり。学校から帰ると母は急な用事で、珍しく家にいなかった。父と弟にせっつかれて、小学生だった私は渋々台所に立つことになったのだと思う。インスタントラーメンならば誰でもできる、と思った。（日頃、ろくに手伝いをしてない）私だって、そのくらいは作れる、と思った。お湯をわかして、ラーメンを入れて、スープの素を混ぜればいいんでしょう？

「チキンラーメン」のありかは知っていた。乾物が入っている戸棚の中だ。さっそくラーメンの封を切り、中身を取り出した。作り方の説明が書いてある袋はさ

っさと捨てた。それが最大の敗因だった。水は量らずに適当に鍋に入れた。ラーメンをどんぶりに移しているうちにお湯がやたらと多いことに気づいたが、もう後の祭りだった。「ずいぶん水っぽいラーメンだなぁ」と父は呆れた。弟は私に軽蔑のまなざしを向けた。私は肩身の狭い思いをしながら水っぽいラーメンをすすった。テレビでは大河ドラマの再放送「新・平家物語」が流れていた。

ちょうど同じ頃だった。私は算数で落ちこぼれ始めていた。分数なんて簡単よ。ひっくりかえしてかければいいんでしょう？　ところが、テストになると思ったようにはいかなかった。あちこちに×がついた答案を見て母はため息をついた。料理も算数もめんどうくさい。だって、ちっとも思い通りにならないんだもの。

そういうわけで、私は料理と数学が嫌いな中学生に成長した。家庭科で「いりどり」の宿題が出たのは、そんな頃だったと思う。家庭科の教科書を参考に「いりどり」を作って、レポートを提出しなければならない。「いりどり」なんていう料理は聞いたことがなかった。当時の家庭科の教科書は白黒で写真もついていなかったから、出来上がりは想像する以外にない。材料は、鶏モモ肉以外に、こんにゃく、ニンジン、ゴボウ、レンコン。作り方を読んでいくうちに「炒《い》り」という名前にもかかわらず煮物らしいことがわかった。野菜を洗って、皮をむく。ゴボウの皮は包丁でこそげ落とす。そして「乱切り」にする。「乱切り」の方法はイラストで詳しく書いてあった。ゴボウとレンコンは酢水につけてあくを抜く。こんにゃくはスプーンを使って千切ってから茹でておく。鶏を一口大に切る。昆布とかつおぶしでだしを取る。「水っぽいラーメン」に懲りていたから、だしはきちんと計量カップで量った。厚手の鍋にサラダ油を熱して、鶏を皮の側から炒める。鶏を取り出して、同じ鍋で野菜を入れて炒る。鶏を鍋に戻してからだしで煮て、あくを除いて味をつける。火加減は最初強火で煮立ってからは弱火。煮汁が少なくなったら蓋《ふた》を取り、強火で残りの煮汁をからめる。

できあがった「いりどり」は鶏の脂から出た照りをまとってつやつやと輝いていた。おいしい！　もしかしたら、母の煮物よりもおいしいかも。気をよくした私は、その後、ときどきその教科書を取り出しては料理を作ってみた。不思議なことにその本に沿って作ると、ハンバーグでもサンドイッチでも、必ずおいしくできた。

「いりどり」だから良かったのだと思う。「いりどり」が何かを知らなかった私は、作り方を熟読せざるを得なかった。味のイメージさえなかったから、調味料をきちんと量る以外になかった。それが、結果的に功を奏したのである。

小さい頃から本を読むのは好きだった。ただし、先へ先へと読み急ぐので、じっくりと正確に読むことが実は苦手だった。それから、人に言われた通りにする、というのが嫌いな子だった。なんでも自分の思ったようにしてみたかった。自立心旺盛ともいえるが、先達《せんだつ》の話をじっくり聞いてみようという気持ちが欠けていた。この二つの性質が、私を確かな数学とおいしい料理から遠ざけていた。その性質を矯《た》めるには、まだ数年の時間が必要だった。

私は今、あれだけ苦手だった数学を大学生に教えて暮らしている。風邪で寝込んだり出張で留守にしたりしない限り、ほぼ毎日台所に立つ。春には筍のちらし寿司を作り、夏は梅干しを漬け、秋には栗を渋皮煮にし、お節料理を作って一年を終える。数世紀も未解決だった問題を解いてみせる天才数学者やミシュランの料理ガイドに載る料理人に比べれば私など取るに足りない存在ではあろう。けれども、大人として困らずにちゃんと生きていること、教室と食卓に私を待っている人がいることに、私は満足している。

私のキッチンには、松坂和夫《まつさかかずお》の『集合・位相入門』(岩波書店)と、中学の教科書の代わりに『おいしくできる　きちんとわかる　基本の家庭料理　和食篇』が並んで置かれている。どちらも落ち着いて、慌てずに、一行一行読めば必ずわかる。そして、言われた通りにやってみれば、必ずや確かな数学とおいしい料理をテーブルに並べられること請け合いである。

新井紀子（あらい・のりこ）
1962年、東京都生まれ。国立情報学研究所教授・社会共有知研究センター長。一橋大学法学部卒業、イリノイ大学大学院数学科修了。理学博士。インターネット教育サイト「e－教室」で全国の小中学生に向けて授業を行う。著書に『ハッピーになれる算数』（イースト・プレス）、『数学にときめく　ふしぎな無限』（講談社ブルーバックス）、『数学は言葉』（東京図書）など多数。

III

我々は、遺伝子の乗り物にすぎないのか？

貴志祐介

『利己的な遺伝子』

リチャード・ドーキンス 著
日高敏隆《ひだかとしたか》・岸由二《きしゆうじ》・羽田節子《はねだせつこ》・垂水雄二《たるみゆうじ》 訳

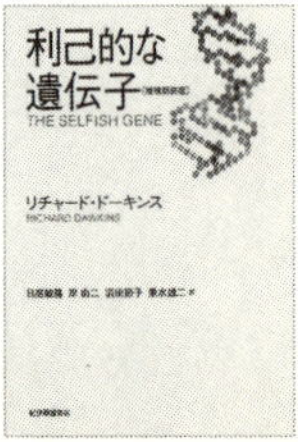

紀伊國屋書店　2006年

つくづく厳しい世の中になったと思う。一昔前の読書案内は、人生に対する夢が膨らむような作品を推薦するのが常だったが、今求められているのは、より実践的な『世渡りの術』であり、もしかしたら、『十四歳のサバイバルガイド』のようなものかもしれない。

それでも、あえて言いたい。人生は、たとえば入試の合否ですべてが決まってしまうような短期決戦ではない。今は、じっくりと基礎を培うときであると。『教養』というのは、けっして暇人のたしなみではない。これからの厳しい人生を生き抜く上で必要な判断力を養うためには、最低限必要な知識なのだ。詐欺師の言うことが嘘八百だと見抜くためには論理的思考力が必須だが、それだけではまだ不充分である。植物が大きく成長するためには土壌《どじょう》が不可欠なように、思考には、バックグラウンドとなる知識が必要になる。そして、その知識は、この世界ないし宇宙を、大きくぶった切った姿の理解から始まる。最初からちまちました知識ばかり仕入れていても、意識のパースペクティブ（視野）は広がらない。十四歳で読むべき本は、まず、世界観の礎になってくれるようなものであるべきなのだ。

『利己的な遺伝子』は、単なる生物学の理論書ではない。この本は、我々が何者であるのか、生物の世界、ひいては人間社会がどういうメカニズムで動いているのか、その根本原理を教えてくれる。

私自身、最初に生物は遺伝子の作った乗り物にすぎないと聞かされたときには、大きな反発を感じたものだ。生物こそ価値のある存在であり、遺伝子は生物が子孫を残すために受け渡される設計図にすぎないと信じていたからだ。だが、この本は、そういう先入観に基づく誤解を粉砕してくれる。

ドーキンス自身が語る宇宙の根本原理は（こんな言い方をすると、いかがわしい宗教書のように思われるかもしれないが、本書はその対極にある）、「安定的なものは存続する」という一言に要約される。トランプのカードで作った家は、数分間は立っているかもしれないが、早晩崩壊する運命にある。一方、富士山は、永遠ではないが数百年後も安定的に存在し続けるだろう（噴火して消滅した場合は、お詫びしたい）。

では、安定的なものとは、富士山のように物理的に強いものだけだろうか。世界には、それとは異なる形の安定も存在する。たとえば、雲は、すぐに形を変えたり消滅したりするかもしれないが、やがてまた新しい雲が現れる。よほど地球の気象が激変しない限り、最後の雲が消えて二度と現れないという状況は訪れそうにない。つまり、波のように繰り返し生まれてくるものも、また安定的と言えるのだ。そして、生物も、その一つである。

生物は、遺伝子によって自らを複製する。そのため、一つの個体が喰われたり壊れたりしても、種としては安定して存続できるのだ。そして、生物のスペックを決定するのは、遺伝子である。生物の進化を遡ると、偶然生まれたアミノ酸が自己複製の能力を獲得して、安定的な存在へ変わったのが遺伝子の誕生だった。やがて、遺伝子は自らを保護する殻を作るようになった。これが生物である。遺伝子が主で生物が従だというのは、成り立ちを見れば一目瞭然だろう。

遺伝子は、自らを保護し複製の機会を作ってくれる乗り物、つまり生物を作り出すが、生物のスペックによって生き残る遺伝子の割合は大きく左右される。つまり、自分にとって有利な生物を作り出す遺伝子が残っていくということになる。

これが、『利己的な遺伝子』という書名の由来である。遺伝子は、心も思考力も持たないものの、自らの利益だけを極大化するように設計されている（そういう遺伝子だけが、ふるいにかけられて残っている）。だったら、遺伝子の乗り物である生物や、我々人間も、自分の利益だけを考える利己的な存在なのだろうか。

そうではないと、ドーキンスは言う。多くの生物で、子供のために親が自ら犠牲になるような行動が見られる。これは、子供の中にある遺伝子を守ろうとする行動にすぎないが、生物のレベルで考えれば利他的な行動と言えるだろう。さらに、人間には真の利他主義が見られる。電車の線路に落ちた見知らぬ人を救うために危険を冒して、自分の命を落とす人がいる。これは、いかなるレベルで考えても、利己的とは対極にある行動ではないか。利己的な遺伝子に支配されているはずの人間が、なぜ、こんな行動を取れるのか。

実は、人間には高度に発達した脳があるが故に、必ずしも遺伝子の思惑通りに動くとは限らないのだ。遺伝子による利己的な指令と、脳が生み出す愛や同情などが綱引きをしている存在。それが、我々人間なのである。

ここまでが最低限理解しなくてはいけない知識の土台だ。十四歳の読者には、ここから先を、ぜひ、ドーキンスとともに考えてもらいたい。

貴志祐介（きし・ゆうすけ）

1959年、大阪府生まれ。小説家。96年「ISOLA」で第3回日本ホラー小説大賞長編賞佳作（のちに『十三番目の人格《ペルソナ》ISOLA』として刊行）を、97年『黒い家』で第4回日本ホラー小説大賞を受賞。2005年『硝子のハンマー』で日本推理作家協会賞、08年『新世界より』で日本SF大賞、10年『悪の教典』で山田風太郎賞、11年『ダークゾーン』で将棋ペンクラブ大賞特別賞を受賞。

『虚無《きょむ》への供物《くもつ》』中井《なかい》英夫《ひでお》・その人々に　恩田陸

『虚無への供物』　中井英夫　著

講談社文庫（上・下巻）２００４年

昭和二十九年（一九五四年）という年は、日本がさまざまな惨事に見舞われた年でした。まず、年明けの一般参賀に、例年にない大勢の人が訪れたため、誘導ができずに多数の死傷者を出す二重橋事件が起きます。三月には、ビキニ環礁でのアメリカの水爆実験で第五福竜丸《ふくりゅうまる》が被曝し、半年後に乗組員が死亡。この頃はフランスやアメリカが競うように海上で何度も核実験を行っており、大量の死の灰が各地に降り注いでいたのです。黄変米《おうへんまい》という、カビの寄生で有毒物質が発生した輸入米も問題になっていました。九月には、青函連絡船《せいかんれんらくせん》洞爺《とうや》丸《まる》が遭難、転覆。死者・行方不明者一一六四人という大惨事になってしまいました。

『虚無への供物』に登場し、四つの密室殺人事件の舞台となる氷沼《ひぬま》家の人々は、日本の災害史に連《つら》なる事故に巻き込まれ、ことごとく非業《ひごう》の死を遂《と》げています。氷沼家の現在の当主である蒼司《そうじ》の両親が、この洞爺丸事件に巻き込まれて死亡したところからこの小説は幕を開けます。氷沼家の悲劇は先祖に掛《か》けられた呪いのせいだとも言われており、常に不吉な予感に彩《いろど》られているのです。

推理小説という分野は、社会が安定してきて市民が経済力を持ち、中産階級が発達してきた時に流行《はや》るといわれています。

私たちは常に明るい娯楽を求め、光を求めます。しかし、そのいっぽうで影を、暗がりを、後ろめたい娯楽も求めるのです。その証拠に、私たちは、殺人の起きる小説を盛んに読み、ホラー映画やサスペンス映画を観ます。卑劣な犯罪、おぞましい猟奇的殺人。なぜ、そんなにも犯罪や殺人の起きるフィクションを欲するのでしょうか。

その理由を、中井英夫は登場人物の口を借りてこう語っています。

人は無意味な死に耐えられないからだ、と。何かの理由があり、何かの動機があって、悪意を持って殺されたのでなければ、その死に意味を見出せずやりきれないからだ、と。

日本は自然災害の多い国です。その犠牲者だけでなく、このほんの十年前までは第二次世界大戦を戦い、戦闘員と非戦闘員を併せ数百万もの国民を失っているのです。無数の無念な死の上に現在の日本があり、日常があります。

登場人物は（中井英夫は）言います。氷沼家の人々の死を意味あるものにするためにも、氷沼家では最も作為《さくい》的で手の込んだ密室殺人が行われなければならなかったのだ、と。

『虚無への供物』は、日本の推理小説史の中でも特別な位置を占めています。中井英夫はこの小説を「アンチミステリー」と呼んでいます。ミステリーではないミステリー。ミステリーに反するミステリー。その意味は読めば分かってくるのですが、それでいてこの小説は推理小説が望むべく楽しみを過剰なほどに併せ持っています。

探偵を自負する登場人物たちは、事件に対する華麗な推理合戦を繰り広げます。

彼らは、日本や海外の推理小説を読み込んでおり、その内容の紹介もします。ブックガイドとして読むことができるほどです。更に、「ペダンティック」と言い表される、きらびやかな薀蓄《うんちく》が満載されています。誕生石、五色不動《ごしきふどう》、経文《きょうもん》、数学、植物学、内外の文学作品、シャンソン。それらを、当時の風俗を実名でちりばめつつ織物のように編み上げ、妖《あや》しい独自の世界を作り上げているのです。

中井英夫の文章は、とても艶《あで》やかで滑《なめ》らかです。推理小説は再読ができないといいますが、私は『虚無への供物』を十回以上読んでいます。いつ読んでもするりと読み通せるし、必ず新しい発見があるのです。

言葉は不自由です。「美しい」や「好き」などの言葉はあまりにも最大公約数のものしか表せない言葉です。美しさにもいろいろあって、日の当らないところに咲く花の密やかな美しさや、禍々《まがまが》しい美しさというのもあります。好きという言葉には、少なからぬ憎しみも含まれています。愛情と嫌悪は紙一重なのです。『虚無への供物』は、明らかにダークな美しさに満ちています。月の光に照らされた、薔薇の花の冷たい輝きに似ています。そういうものが好きな人は必ずいつの世も一定数存在します。あなたがそういったものに惹かれるのならば、この本はきっとあなたを満足させてくれるでしょう。
『虚無への供物』は、冒頭に有名なある献辞《けんじ》が置かれています。
——その人々に
私たちは、望めば誰でも「その人々」になることができるのです。

恩田陸（おんだ・りく）
1964年生まれ。92年『六番目の小夜子』でデビュー。著書に『夜のピクニック』（吉川英治文学新人賞・本屋大賞）、『中庭の出来事』（山本周五郎賞／以上、新潮社）、『ブラザー・サン シスター・ムーン』（河出書房新社）、『夢違』（角川書店）、『EPITAPH東京』（朝日新聞出版）、『消滅』（中央公論新社）他多数。

哲学が哲学に引導を渡した　村上陽一郎

『論理哲学論考』

L・ウィトゲンシュタイン 著
野矢《のや》茂樹《しげき》 訳

一応、哲学の本です。しかも、もう書かれてから、かれこれ百年近くが経とうとしている本です（原著出版は一九二二年、この訳本は一九三三年版を底本としている）。とりあえずは有名な本ですから、さあ、読もうと構えてページを開くと、最初にびっくりさせられるのは、その体裁です。多くは数行のぶつ切れの文章に、小数点（最大五ケタ）付きの数字が付されて並んでいることです。

一　世界は成立していることがらの総体である。

一・一　世界は事実の総体であり、ものの総体ではない。

といった具合です。そして、この本で最も有名な文章は、

岩波文庫　2003年

七　語りえぬものについては、沈黙せねばならない。

最初から最後まで、読者は何となく狐につままれた、いや、より正確には、著者から突き放されたような想いに包まれて終わります。では、この本が、二十世紀に書かれた最も刺激的な書物と言われるのは何故でしょうか。

世紀後半、哲学の世界での大きな変革の一つが、論理学におけるそれでした。アリストテレス以来、連綿と受け継がれてきた三段論法を軸とする論理学が、数学的な表記法を使う新しい体系（記号論理学、あるいは数理論理学と言われます）へと再編成されたのです。この体系は、基本的に二つの領域に分かれます。一つは「命題論理」もう一つは「述語論理」です。命題論理の出発点は文字通り命題です。命題とは、その真偽を問題にできるような文章のことです。例えば「竹やぶ焼けた」というのは立派な文章ですが、回文の一例として言われている限り、誰もその真偽（どこかの竹やぶが本当に焼けたかどうか）を問題にしません。つまりこれは文章であっても、命題ではない、ということになります。命題は、そこで言われている内容が真であるか偽《ぎ》であるかを問題にできるものです。

そうした命題には、それ以上分解すると文章（したがって命題）になれないような、単一のものと、そうした単一なものが幾つか集まって造られる複合的なものがあります。「今日は日曜日で、雨天である」というのは「今日は日曜日である」という命題と、「今日は雨天である」という命題からなる複合的な命題であり、そのそれぞれは、それ以上は分解できない単一な命題ということになります。こうした複合的な命題全体の真偽は、構成要素である単一な命題の真偽に連動しています。その連動の仕方は、単一な命題どうしを繋ぐ接続詞役の語（論理語と呼ばれ、〈～かつ～〉、〈～あるいは～〉、〈もし～ならば～〉など）の独特の働きによって一意的に決まります。例えば、「日曜日である」をp、「雨天である」をqとすると、「pかつq」という複合命題の真偽は、p、qの双方が真のときだけ真になる（それ以外の組み合わせはすべて偽）のに反して、「pまたはq」のそれは、双方が偽のときだけ偽（それ以外の組み合わせはすべて真）になります。これはちょうど数学における関数の働き、つまり未知数にある値（この場合は真または偽の二つの値）を入れると、式全体の値が決まるという機能に酷似しています。

さて、ここで言う命題の真偽は、結局その命題が、現実の世界の一部を正しく表現しているか否かによって定まる、と解釈できるという立場が可能になります。pが真であるのは、「今日が日曜日である」という現実の世界（の一部＝それを「事実」と言い換えてもよいかもしれません）を正しく表現しているからであり、qが偽であるのは、「今日が晴天である（雨天ではない）」という事実に反するからではないか。そう考えれば、先に引用した、この書の最初の二文の意味がはっきりするでしょう。

私たちが「知っている」あるいは「知り得る」世界とは、こうして「事実」の総体ということになります。そして、著者は、その総体に関わるのは自然科学だと言い切ります（番号四・一一を参照）。では哲学は、一体何をするのでしょう。その答えが〈四・一一二　哲学の目的は思考の論理的明晰化である（後略）〉にあります。例えば、世界に関する知識で真（あるいは偽）になるもの（結局は命題ですが）に、二種類あります。さきほどのpやqは事実についての真・偽であ

ります が、「今日は雨天であるか、または雨天でないかである」は確かに真ではありますが、世界について（事実について）何も語っていません。つまり事実的な真偽ではなく、〈または〉という接続語と〈ない〉の働きによる論理的な真偽です。そして真偽を問題にできるものはこれ以外にない。ウィトゲンシュタインは潔くそう言い切ってしまうのです。それだけの明晰化を果たし得た哲学は、自らの役割を終えます。あとは科学に任せる。それが〈七〉の意味でもあります。哲学が哲学に引導を渡す。

これが問題にならずに済むはずはありません。私もまた学生の頃、激しい衝撃を受けたことを昨日のように思い出します。

参考書『ウィトゲンシュタイン「論理哲学論考」を読む』
野矢茂樹著、ちくま学芸文庫

村上陽一郎（むらかみ・よういちろう）
東京大学で科学史・科学哲学を学ぶ。上智大学理工学部助教授、東京大学教養学部教授、同先端科学技術研究センター教授、国際基督教大学教授、東洋英和女学院大学学長などを歴任。東京大学・国際基督教大学名誉教授。最近著に『エリートたちの読書会』（毎日新聞社）がある。

数学書ですが、恐れることはありません。

大澤真幸

『ゲーデルは何を証明したか——数学から超数学へ』

E・ナーゲル、J・R・ニューマン 著

林《はやし》一《はじめ》 訳

白揚社 1999年

6÷0＝？ 私が中学1年生になって間もない頃、数学の授業で、この割り算をめぐって大激論になったことがあります。先生はあえて何も言わずに、私たちの議論を見守っていました。クラスの全員が、答えは「0」と主張しましたが、私ひとりだけ、いや違う、「無限大」だと主張し、譲りませんでした。結局、その日の授業はすべて、生徒たちの討論に費やされました。

「6÷0＝0」は変です。たとえば、「6÷2＝3」は、「2×3＝6」と同じことです。ですから、もし「6÷0＝0」だとすると、「0×0＝6」ということになってしまう。それならば、答えは無限大でよいのでしょうか。そもそも、無限大とは何でしょうか。無限大というものを見たことがある人はどこにもいない。

あの授業以降、私は、数学において「正しい」ということはどういうことなのか、考えるようになりました。数学のテストで、先生があなたの解答に○や×を付けるのは、正しい答えと誤った答えがあるからです。それならば、「正しい」とはどういうことなのか。

数学以外の学問であれば、「正しい」の意味は、わかりやすい（ような気がします）。たとえば、「明日、東京で雪が降るでしょう」という予報が正しいかどうかは、実際に明日になったときに、東京に雪が降るかどうかで決まります。「邪《や》馬《ま》台《たい》国《こく》は近畿地方にあった」という主張が正しいことを示すためには、昔の記録や遺物などの証拠を活用して、確かに邪馬台国が近畿地方にあったということを納得させればよい。

数学も同じでしょうか。一見、同じに思えます。たとえば、「2×3＝6」。2枚ずつ3人の人にカードを渡《わた》すには、全部で6枚必要だ。実際、数えてみるとそうなる。それなら、「0」という数はどうですか。0を見たり、触《さわ》ったりすることはできない。0は「何もない」という状態なのですから。その0は、数学の中で大活躍《かつやく》する。1や2が存在するならば、0も存在するとしなければならない（ように思える）。しかし「何もない」が「ある」とは、どういうことなのか（※1）。

さらに、中学1年になると、数学で負の数を学習します。「2×3＝6」であれば、「数えたらそうなる」ということで正当化できそうに感じられるでしょうが、「(－2)×(－3)」が「6」であるということは、どうして正しいと言えるのか。中学3年で学習する無理数（分数で表せない数）が入ってくると、もっとやっかいです。高校の数学には、虚数《きょすう》というさらに奇妙な数字も登場する。

そして「無限」です。数学では、無限が非常に重要な役割を果たします。最も簡単な数である自然数――つまり「1、2、3……」と数えるときに使う数――は無限個あります。偶数も無限個あります。あるいは実数（有理数も無理数も全部合わせた、数直線上のすべての数）も無限にあります。0から1という区間を限ったとしても、その間にある実数は無限にある。ところで、どの無限も同じ意味なのか、同じ大きさなのか。

無限なるものが入っている数学の証明や解答は、どうして「正しい」と言えるのでしょうか。「数えてみる」式の方法は、もう絶対に通用しません。この宇宙にあるものは、どんなにたくさんあるものでも有限だからです。とすると、数学における正しさとはいったい何なのか。

「数学から超数学へ」という副題のあるこの本は、まさにこの問題を扱っています。クルト・ゲーデルという数学者が、1931年に、数学における正しさ（証明可能ということ）について、それ自体数学的に考察する、実に鮮やかな証明を発見しました。彼が証明した命題は、「不完全性定理」と呼ばれていて、それは、数学の正しさに関して、驚くべきことを意味しています。ネタバレになるので、結論は書きません。ここに紹介している、ナーゲルとニューマンの本は、この証明をたいへんわかりやすく解説しています。

この定理は、結論もさることながら、その証明のやり方がおもしろい。数学（の正しさ）そのものについて数学的に証明するために、見事な工夫がなされているのです。

それにしても、不完全性定理は、名前からして厳《いか》めしいし、20世紀最大の数学的発見などと言われているものですから、まだ勉強途上の普通の中学生に、証明が理解できるのでしょうか。肝心なポイントであれば、ちゃんと理解できるのです！　私も、中学生のときにこの本を読み、ものすごく興奮いたしました（※2）。中学生程度の数学、せいぜい素数とか素因数分解についてわかっていれば、不完全性定理という、数学史上最も重要と断言しても言い過ぎにはならない命題の証明が理解できる。これさえ理解しておけば、数学のテストで悪い点をとったときに、先生に反撃することができます。「先生、なぜこれは間違いなのですか。そもそも数学の公理系は……」と。

それにしても、こんな数学の問題は、先生をやり込めるというような些細なことを別にすると、生きる意味とか恋愛といったような人生の難問には関係ない。そう思われるかもしれません。しかし、関係は大ありなのです。そのことを納得したい人には、G・スペンサー＝ブラウンという人の『形式の法則』（朝日出版社）をお薦めします。これは、ゲーデルのさらに先を行く数学の専門書ですが、恐れることはありません。この本は、あまりに基礎的なところを考察しているためにかえって、数学についてほとんど何の予備知識もなしに読めます。中学生でもだいたいのところは理解できます。高校1年生程度の数学ができれば、完全に理解できます。

数学という抽象物は、人間の営みの核の部分を映し出している。このことをさらに深く理解したい人は、私自身が書いた『行為の代数学』（青土社）を読んでみてください。これは、『形式の法則』を応用して、社会システム論という学問の土台を創る試みです。これも、高校生・大学生で十分にわかる内容です。

（※1）実際、人類は、非常に長い間、0を、1や2と並ぶ数と見なすことができませんでした。このことは、たとえば、今日でもデザインとしてしばしば使われているローマ数字（I、IIなど）に「0」を表すものがないことからもわかります。0は、昔（おそらく6世紀頃）、インドで初めて「数」として発見されました。数としての0は、アラビア人（イスラム教徒）を通じて、ヨーロッパに伝えられました。ヨーロッパで0が普及してくるのは、ようやく13世紀末――「中世」と呼ばれている時代も終わりかけている頃――です。これらは、驚くべき事実です。何がかというと、まず、インド人以外はだれも0を数だと思わなかったということが、です。中国にも、ギリシアにも、エジプトにも、あるいはアラビアにも、文字をもち、商業を発達させた文明があり、彼らは、当然、数を駆使していたのに、その数の中に0を含めることは思い至らなかった。人類史上、便利なものは、たいてい、何か所かで独立に発明されたり、発見されたりします（農業や文字がそうです）。しかし0は、インド人だけが発見した。どうしてインド人だけがそれをなしえたのか、不思議です。もうひとつ驚くべきことは、その普及の「遅さ」です。ヨーロッパに、曲がりなりにも0が紹介されてから、一般の人たち、たとえば日頃商売に従事している人たちに、それが用いられるようになるまで、五百年以上かかっているのです。ヨーロッパで0を駆使した「筆算法」（皆さんが普段使っている位取りのある縦書きの加減乗除法です）が完成したのは、イタリアでルネサンスという新しい時代（あのレオナルド・ダ・ヴィンチが活躍した時代）が始まった頃、つまり15世紀です。どうしてこんなに有用なものが、なかなか普及しなかったのか。どうして、ヨーロッパの転換期に突然、千年近くも前にインドで発見された0が一挙に普及したのか。ともあれ、これらの事実が示していることは、0を

――1や2と同様の――数と見なすことがいかに困難なことだったか、ということです。なお、0をめぐる以上のような消息については、数学者の吉田洋一《よしだよういち》による『零《ゼロ》の発見――数学の生い立ち』（岩波新書）をご覧ください。戦前に書かれた本なので言葉使いがやや古めかしいのですが、非常に平易な、それこそ14歳でも難なく読める名著です。

（※2）当時の邦訳タイトルは、今と少し異なっていました。現在の版の副題が、本題でした（初版1968年）。

大澤真幸（おおさわ・まさち）

1958年、長野県生まれ。社会学者。千葉大学助教授、京都大学教授を歴任。思想誌『THINKING「O」』主宰。著書に、『夢よりも深い覚醒へ』（岩波新書）、『〈世界史〉の哲学』（講談社）、『文明の内なる衝突』（河出文庫）、『ふしぎなキリスト教』（共著、講談社現代新書）、『「正義」を考える』（NHK出版新書）、『生きるための自由論』『思考術』（以上、河出ブックス）、『自由という牢獄』（岩波書店）などがある。

マスコミって何だろう　石原千秋

『タブーの正体！——マスコミが「あのこと」に触れない理由』

川端幹人《かわばたみきと》 著

ちくま新書　2012年

マスコミがまちがった報道をすることがあるのは知っていると思う。最近のもので有名な例は、君たちにも深い関係がある。それは、「近年になって少年の凶悪犯罪が増えた」かのような報道だ。それがある種の若者バッシングの風潮と相まって、少年犯罪に対して厳罰化（罰を重くする）の方向に進んだ。しかし、これはデータのトリックであって、実は戦後ほぼ一貫して少年の凶悪犯罪は減少し続けているのである。近年、ほんのちょっと増えたにすぎない。マスコミはそこだけをとらえて「増えた、増えた」と騒ぎ立てたのだ。こういうのを「マスコミ

による世論のミスリード」と言うが、これが少なくない。困ったことだが、これは批判ができるからまだいい方なのかもしれない。

もっと困るのは、「事件」が報道されない場合だ。これも多い。この本はかつて『噂《うわさ》の眞相』というスキャンダル曝露《ばくろ》雑誌（こういう言い方は失礼かな）の副編集長を務めていた川端幹人氏の、経験から割り出された告発本である。

夢を壊すようでちょっと意地悪だけれど、君たちに興味のありそうな例を本書から挙げよう。二〇〇一年にＳＭＡＰの稲垣吾郎《いながきごろう》クンが道路交通法違反と公務執行妨害で逮捕された「事件」がある。僕の記憶では、夕方五時台のニュースでは「稲垣容疑者」だったのが、六時台のニュースになったら全チャンネル一斉に「稲垣メンバー」と呼び方が通常と変わってしまったのである。また最近では、事の真偽は明らかではないが、人気グループ「嵐」のリーダー大野智《おおのさとし》クンの「大麻疑惑」が『週刊現代』（二〇〇八・八・九号）にスクープされた例が挙げられている。ところが、このスクープはすぐに終息して追加報道もなされなかった。川端幹人氏は、これはジャニーズ事務所が「あらゆるメディアがその前にひれ伏す絶対的タブー」となっているからだと言う。

どうやらテレビはもちろん、系列にテレビ局を持つ新聞社も、ジャニーズの出演拒否が怖くてとても報道できないらしいのだ。川端幹人氏は、芸能人は所属事務所の力によって集中砲火を浴びせられたり、逃れたりすると言っている。僕の知る限り、いまジャニーズを実際に告発しているメディアは、テレビとは利害関係のない『週刊文春』ぐらいしかない。こういうところからも、マスコミは決して中立ではないことがわかる。ただ、これはまだまだ序の口。

最近になって、大阪地検特捜部が厚生労働省元局長村木《むらき》厚子《あつこ》さんを逮捕した上で、証拠となるフロッピーディスクのデータを改竄《かいざん》して有罪に持ち込もうとした事件が起きた。それが広く知られてからは、検察と言えば悪事を暴く正義の組織と思っているナイーブな人はもうあまりいないとは思うけれど、これが強烈なタブー組織なのだ。本書で挙げられているのは、検察が「調査活動費」(予算は数億円)を遊興費に流用している事実を内部告発した部長の例。彼が「三井環《たまき》」と実名でテレビに予告出演する直前のこと。なんと、検察はふつうなら逮捕はあり得ない軽微《けいび》な罪で逮捕してしまったのだ。公衆の面前で堂々と行われた口封じ。「この組織は自らの権益を守るためなら、身内まででっち上げ逮捕するのか――。」

最大の問題はその後にある。検察は、この「事件」を検察告発の立場から報道し続けたメディアと検察側に立って報道したメディアを「敵、味方に選別」し、その後「露骨な差別と報復」を行った。具体的には、直後に行われた鈴木宗男《すずきむねお》議員秘書の電撃逮捕の情報を「味方」にはリークし、「敵」には知らせず「特オチ」(他社が一斉に報じているのに後れをとること)を続けさせたのである。その結果、「以降、検察批判はほとんど報道されなくなった」と言う。こうして、「調査活動費」の流用「事件」は闇に葬られた。まるで、テレビドラマみたいに。マスコミが権力に屈した瞬間である。

そもそも、二五年も続いた『噂の眞相』が休刊のやむなきに至った理由を、川端幹人氏は二つ挙げている。一つは、スキャンダルをスクープされるのに困り果てた政治家と司法が手を組んで、名誉毀損の賠償金をつり上げた可能性が高いこと。スクープは名誉毀損と紙一重だから、これは痛手だった。もう一つは、右翼団体による編集部への襲撃事件だった。これで、『噂の眞相』が「事件」を生々しく書けなくなってしまったと言う。『噂の眞相』は日本で一番売り上げの多い総合雑誌『文藝春秋』に次ぐ売り上げを誇っていたのに。この雑誌の休刊で、僕たちはずいぶん多くのことを「知らない」国民になってしまった。

日本国憲法は「表現の自由」をうたっている。外国のある政治家が「あなたの意見には反対だが、あなたがそれを表明する自由は命をかけても守る」という趣旨の発言をしたことが、よく引き合いに出されもする。「表現の自由」に守られている新聞が、ときおりこのフレイズを引く。カッコイイ。しかし、少しでも活字で「意見表明」しようとしたり、「批判」しようとしたりした人なら、編集サイドからストップをかけられたり、修正を求められたりした経験があるはずだ。僕にもある。実は、逆の経験もある。ある学会誌で依頼したコラムに差別問題への不用意な記述があったので、編集委員会でずいぶん分話し合ったすえに、誌面への責任を理由にボツにしたのだ。だから、編集サイドの苦労は痛いほどわかる。

川端幹人氏が恐れているのは、いま編集サイドがそういったタブーに慣れきってしまって、違和感を持つどころか、報道しないことがマスコミの世界の「常識」とさえなっていることだ。「常識」となることは、なぜそれが報道できないのか、その理由さえ知らないで、「これはまずいでしょ」とストップをかけるのがふつうになることを指している。「常識」とは思考を止める仕掛けだからだ。

いや、いまはネットがあるではないかという人も多いだろう。たしかに、その効果ははかりしれない。アラブ諸国の人びとが次々に独裁政権を相手取って「革命」を起こした「アラブの春」だって、ネットなしにはあり得なかったのだから。でも、ネットはつながることや身近に起きたことを知らせるのは得意だが、深く検証することはあまり得意ではない。これは新聞などの「オールドメディア」の得意分野だと言う。それはそうだと思う。だって、取材や検証には多くの人が「足で稼ぐ」（汗を流して情報を得る）必要があるのだから。それに、いまや政治はネットも規制する。原発事故にまつわるネット情報が「流言飛語《りゅうげんひご》」としてかなり規制されたことは、君たちも知っているだろうか。

この本は、暴力や権力や経済のタブーについて、実例を豊富に挙げてマスコミの姿勢を告発している。僕たちはこんなにたくさんのことを「知らない」国民でいいのだろうか。ものすごく重い、いや、辛い問いがこの本で問われている。

石原千秋（いしはら・ちあき）
1955年、東京都生まれ。早稲田大学教育・総合科学学術院教授。専攻は日本近代文学。夏目漱石から村上春樹まで、小説を斬新な視点から読んでいく仕事に定評がある。著書に、『生き延びるための作文教室』『受験国語が君を救う！』『読者はどこにいるのか』（以上、河出書房新社）、『教科書で出会った名詩一〇〇』（新潮文庫）、『評論入門のための高校入試国語』（ＮＨＫブックス）、『未来形の読書術』（ちくまプリマー新書）、『教養としての大学受験国語』（ちくま新書）などがある。

推理小説から考えるための方法を学ぶ　島田裕巳

『オリエント急行の殺人』

アガサ・クリスティー 著
山本やよい 訳

ハヤカワ文庫　2011年

本を薦めるというときに、この本があげられることは少ないだろう。そもそも、推理小説がお薦め本のなかに含まれることは珍しい。推理小説はたんなるエンターテインメントであって、内容的に深いものなどないと考えられているからだ。

けれども、私自身の読書体験を振り返ってみると、推理小説やSF小説から受けた影響にははかりしれないものがある。読書の楽しみを知ったのも、子ども時代に、そうした作品を読んだことがきっかけだった。

小学校6年生のときには、『シャーロック・ホームズ』にはまった。一冊読んでみたら、主人公の探偵、シャーロック・ホームズのキャラクターの面白さにひかれ、このシリーズは全部読破してしまった。

それも、作品が発表された順番に読んでいった。どこかで、このシリーズには舞台となった年代におかしなところがあると聞いたからで、それを確かめるために年代順にすべてを読んでいったのだ。

中学校に上がると、SF小説にもめざめ、たくさんの作品を読んだ。読むだけではなく、学校の友だちと同人誌をはじめ、そこに「ショート・ショート」を書いていった。

その同人誌は、私の手元に残されていないので、自分がどういった作品を書いたのか、今ではまったくわからないのだが、当時は、それなりに面白い作品が書けたと勝手に満足していた。

もし、推理小説やSF小説と出会わなければ、本を読むということがこんなに面白く、また、そこには自分の知らない世界が広がっているのを知ることができなかったに違いない。

ここで推薦する『オリエント急行の殺人』（『オリエント急行殺人事件』としている訳書もある）も、おそらく中学生のときに読んだのではないだろうか。あるいは、高校生のときだったかもしれない。作者はアガサ・クリスティーという、推理小説の世界では神さまみたいな人で、意表を突いたトリックは世界中のファンを驚かせてきた。

また、この作品には、エルキュール・ポアロという名探偵も登場する。作者のクリスティーはイギリス人なのに、ポアロは、なぜかベルギー人という設定になっている。

この作品で、ポアロはトルコのイスタンブールから帰るため、オリエント急行に乗り込む。今でも走っている超豪華な列車だ。

すると、アメリカ人の富豪が彼に話しかけてきた。脅迫状をもらい、身の危険を感じているので、ポアロに護衛をしてほしいというのだ。

ポアロは富豪の印象が悪かったので、それを断ってしまう。すると、列車が、セルビアのベオグラードにさしかかったところで、吹雪によって立ち往生してしまう。そして、寝室からはその富豪の遺体が発見されたのだ。

推理小説のなかで、もっとも多いものが「密室殺人」で、これもその典型だ。犯人が外部から入った形跡はなく、この列車に乗り合わせた人間のなかにいるはずだ。ところが、乗客全員にアリバイがある。

推理小説なので、これ以上、あら筋を紹介するわけにはいかない。しかも、最後には驚くような結末が待っている。

推理小説の歴史のなかでも、もっとも有名なトリックの一つが仕組まれている。それがあまりに鮮やかなので、記憶に残ってしまい、私のように何十年経っても、結末を忘れない。逆に、だからこそ読んで面白いのは、最初の一度だけだということになる。

後は、読んでいることをまわりの人に秘密にして読んでほしい。なかには、結末を知っていて、おせっかいにもそれを教えてくれたりする人がいる。そうなると、せっかくの小説が台なしになる。

推理小説を薦めたいのは、実はそこに、ものを考えるときの方法が示されていて、それは、私のように学問を研究しているときにも役立つからだ。

まず、事件という謎があり、探偵は、さまざまな証拠を集めていく。証拠は、現場に落ちていたゴミだったり、誰かの指先に巻かれた絆創膏だったりする。探偵は、その証拠から、どのように犯行が行われたかを推理し、犯人を見つけ出す。探偵は、証拠をもとにあくまで論理的に考えていかないと、犯人に行き着けない。その過程は、学問の場合とそっくりだ。たとえば、考古学だったら、掘り出した穴の形から、建っていた建物の形を推理したりする。

さらに、『オリエント急行の殺人』の場合、犯行の裏にはヨーロッパの歴史のことも深く関係している。そのことも、これを読んだ私にはとても印象的なことだった。その意味で、この推理小説はとても奥が深い。

それはシャーロック・ホームズのシリーズにも言えることだ。私は、推理小説から随分いろいろなことを学んできた気がする。

島田裕巳（しまだ・ひろみ）

1953年、東京都生まれ。宗教学者・文筆家。宗教現象を中心に、幅広い視野から現代社会のありようを問う。著書に『なぜ人は宗教にハマるのか』『教養としての世界宗教事件史』（以上、河出書房新社）、『浄土真宗はなぜ日本でいちばん多いのか』『葬式は、要らない』（以上、幻冬舎新書）、『人は死ぬから幸福になれる』（青志社）、『ほんとうの親鸞』（講談社現代新書）、『お経のひみつ』（光文社新書）、『ブッダは実在しない』（角川新書）などがある。

珍日本を訪ねて……　辛酸なめ子

『珍日本紀行　東日本篇／西日本篇』

都築響一《つづききょういち》 著

ちくま文庫　2000年

20代の頃、旅行ガイドとして活用していたのは、るるぶでもブルーガイドでもなく『珍日本紀行』でした。友だちとの旅行や家族旅行の計画、地方出張の話が出ると、本棚からこの分厚い上下巻を取り出して（文庫版が出ていなかった頃はバイト先の本棚から巨大サイズの単行本を拝借し）、珍スポットを検索します。当時は今のようなパワースポット至上主義に啓蒙されていなかったので、吉凶や磁場にこだわらずニュートラルな気持ちで行き先を決めることができました。

今、思い出せる範囲で行った場所をリストアップしてみても、タマゴ拾い牧場、キリストの墓、アンディランド、養老天命反転地《ようろうてんめいはんてんち》、鳥羽《とば》国際秘宝館・ＳＦ未来館、ナゾのパラダイス、京都タワー、熱海《あたみ》秘宝館、別府《べっぷ》秘宝館、ケーブルラクテンチ、地獄めぐり、と字面だけでも笑いがこみ上げてきますが、これはまだほんの一部。『珍日本紀行』には上下巻合わせて341物件もの珍スポットが収録されているので、普通の人は一生かかっても回りきれないくらいです。全ての場所を取材・撮影し、さらに世界の珍スポットまで範囲を広げている都築響一氏のフットワークに驚嘆の念を禁じえません。この本を眺めるだけでも行った気分になれますが、そして若者の旅行離れが懸念される昨今ですが、やはり実際に行くことで体感できる諸行無常感やわびさびがあります。

これまで行った中で思い出に残っている珍スポットといえば、家族旅行の途中にひとりふらっと行ってきた鳥羽国際秘宝館・SF未来館（家族には「水族館に行ってきます」と告げて）。惜しまれつつも2000年に閉館してしまいましたが、近未来の宇宙をテーマに人間の生殖の仕組みを展示していた画期的な館でした。「人間狩り」「狩り集められた人間の選別と抹殺」「精液の強制搾取と注入」「胎児《たいじ》の成長」「セックス教育」など9つのパートにわかれ、宇宙人に慰みものにされる人造人間の姿がチープなマネキンで表現されています。当時は、おしゃれなものよりも、ディープでキッチュなものに惹かれがちだったので、SF秘宝館はツボにはまり、ひとり興奮しながら観賞しました。お正月の時期で他に客がおらず、館内にスタッフのおじさんと二人きりというのがスリルや緊張感を増幅。親に隠れてこんなところに来てしまった背徳感の余韻に浸りつつ、秘宝館を後にしました。そして家族には「鳥羽水族館に行ったらジュゴンがかわいかった」と適当な報告を……。

そんなインモラル感が病み付きになり、それ以降も度々、家族旅行中に親に別の観光スポットに行くと嘘をついて秘宝館や珍スポットを訪れました。例えば、家族に「遊園地に行ってくる」と言って向かった別府秘宝館。ただ入ってみたら、春画がやたら多く、やや肩すかしでしたが、白雪姫と七人の小人の乱交シーンや、エマニエル夫人と犬のマネキン展示など堪能しました。展示を見て興奮したのか白人の団体客から強いアポクリン臭（※1）が漂ってきたのが印象に残っています。他に行った中では、淡路島の「ナゾのパラダイス」という脱力感漂うスポットのひなびた秘宝館も、館長のおじさんの手書きの説明がいい味を出していて、手作りテイストに心温まりました。将来は、地方で未来の夫と秘宝館を営みたい、と無邪気な夢を思い描いたものです。『珍日本紀行』は、そんな憧れの将来の生活が詰まった一冊でした。掲載されている珍スポットは、アウトサイダーアート（※2）的で、天然の強烈なエネルギーを放っています。現地に実際に行くことで、そのエネルギーを肌で感じられたのは貴重な体験でした。

しかし大人になった今は、妙な損得勘定ばかり働いて、旅行先を決めるときも、温泉の有無（そして効能）、神社などパワースポットの御利益について調べあげて、運気的に良さそうな場所にしか行かなくなってしまいました。『珍日本紀行』に掲載されているような所はどちらかといえば、人間の業《ごう》がうずまいている負のパワースポットです。そのため今は足が遠のいてしまっていますが、家で『珍日本紀行』をたまに読み返し、「こんな場所に行ってあの頃の自分は怖いもの知らずだった……」と、思い出に浸っています。しかし珍スポットは御利益はないにしろ、思考停止でフリーズしてしまう強烈さがあるので、心が無になって、パワースポットよりも悟りに近づける場所なのかもしれません……。

（※1）わきの下、乳首、下腹部、肛門の周囲などにあり、思春期以降に発達するアポクリン腺という汗腺からの分泌物による独特のにおい。

（※2）既成概念にとらわれず自由に表現された、主流からはずれた芸術活動やその作品の総称。

辛酸なめ子（しんさん・なめこ）

1974年、東京都生まれ、埼玉県育ち。漫画家、コラムニスト。武蔵野美術大学短期大学部卒。アイドルやセレブを独自の視点で観察し、さらに様々な体験取材などから女子の生き方を模索し続けている。『消費セラピー』『女子の国はいつも内戦』『アイドル万華鏡』『なめ単』『女子校育ち』『辛酸なめ子の現代社会学』など、著書多数。

常識と思われているものは、永遠には続かない　佐藤優

『共産党宣言』

マルクス　エンゲルス 著
大内兵衛《おおうちひょうえ》・向坂逸郎《さきさかいつろう》 訳

岩波文庫　1951年

一九九一年一二月にソ連が崩壊するまで、マルクス主義は、多くの人々の心を惹きつけた。特に若い人々の魂をある時期までマルクス主義は強くつかんでいた。『共産党宣言』を読んで、生涯を革命のために捧げようと思った若者も少なくない。この本は、強い知的な魅力とともに、たいへんな危険を併せ持つ。その危険とは、この世の矛盾をすべて社会構造のせいにしてしまい、人間の心に潜んでいる醜い部分をあえて見ないようにしていることだ。それでも、十代のうちに『共産党宣言』を読んで、「こういう考え方もあるのか」と知っておくことは、その後の人生において遭遇するかもしれない、あやしい思想や宗教に対する予防薬と

して役に立つ。

『共産党宣言』は、〈ヨーロッパに幽霊が出る——共産主義という幽霊である。〉という有名な文で始まる。『共産党宣言』の著者は、マルクスとエンゲルスということになっているが、これは共産主義者同盟という団体の政治綱領（マニフェスト）として書かれたものだ。最近、日本では民主党も自民党も選挙になるとマニフェストという言葉を使うが、こういうマニフェスト政治は、『共産党宣言』以後、流行になった。『共産党宣言』は共産主義者同盟という新しい組織が一八四七年にできたときにマルクスやエンゲルスが加わるチームにマニフェストの作成を依頼して、翌一八四八年に発表された文書である。さまざまな考えをまとめてマニフェストに入れたので、『共産党宣言』に書かれている内容がどこまでマルクスとエンゲルスの考え方を反映しているかは、よくわからない。ただし、あの時期の、格差社会の下層で苦しんでいる人々が抱える問題を、何とかして解決したいと考えている理論家や活動家の考えのほとんどが『共産党宣言』に盛り込まれている。

『共産党宣言』は、歴史の原動力を階級闘争に求めている。

〈今日までのあらゆる社会の歴史は、階級闘争の歴史である。

自由民と奴隷、都市貴族と平民、領主と農奴、ギルドの親方と職人、要するに圧制者と被圧制者はつねにたがいに対立して、ときには暗々のうちに、ときには公然と、不断の闘争をおこなってきた。この闘争はいつも、全社会の革命的改造をもって終るか、そうでないときには相闘《あいたたか》う階級の共倒れをもって終った。〉

確かに階級闘争は、歴史の原動力の要素だ。しかし、宗教や戦争の例を見ればわかるように、階級とは別のグループ分けが行われ、そこで闘争が展開されて社会を動かしていくこともある。歴史の原動力がすべて階級闘争に基づくという考え方は間違えている。ここで階級闘争が相闘う階級の共倒れに終わる場合があるという指摘が重要だ。資本家（ブルジョア）と労働者が、徹底的な闘争を行うと、社会自体が破壊され、人類が滅亡してしまう可能性もあるのだ。

マルクスは、近代の労働者階級は、機械や土地などの生産手段を持たず、ただ賃金のために労働するプロレタリアートになってしまったという。それは、資本主義が、カネを中心にした社会をつくり出してしまったからだ。

〈ブルジョア階級は、これまで尊敬すべきものとされ、信心深いおそれをもって眺められたすべての職業からその後光をはぎとった。かれらは医者を、法律家を、僧侶を、詩人を、学者を、自分たちのお雇いの賃金労働者に変えた。

ブルジョア階級は、家族関係からその感動的な感傷のヴェールを取り去って、それを純粋な金銭関係に変えてしまった。〉

それだから、こういう社会を革命によって破壊すべきだとマルクスとエンゲルスは主張した。

〈共産主義者は、自分の見解や意図を秘密にすることを軽べつする。共産主義者は、これまでのいっさいの社会秩序を強力的に転覆することによってのみ自己の目的が達成されることを公然と宣言する。支配階級よ、共産主義革命のまえにおののくがいい。プロレタリアは、革命においてくさりのほか失うべきものをもたない。かれらが獲得するものは世界である。

万国のプロレタリア団結せよ！〉

しかし、現実に存在したソ連や東ヨーロッパの社会主義国は、人類の理想から懸け離れた暴力と抑圧によって支配された官僚主義体制だった。それだからあの体制は崩壊した。『共産党宣言』には、〈人間の生活関係、社会的人間関係、人間の社会的なあり方が変化するとともに、人間の観念や意見や概念もまた、一言でいえば人間の意識もまた変化する……〉と記されている。ある時代で常識と思われているものの見方、考え方が、決して永遠に続くものではないということを強調したことに関してマルクスとエンゲルスは正しい。

佐藤優（さとう・まさる）
1960年、東京都生まれ。作家、元外務省主任分析官。著書に『国家の罠』、『自壊する帝国』（共に新潮文庫）、『獄中記』（岩波現代文庫）、『交渉術』（文春文庫）、『国家の「罪と罰」』（小学館）等がある。

痛いけど体の芯に届く言葉　本田由紀

『東京漂流』　藤原新也《ふじわらしんや》 著

朝日文庫　2008年

『東京漂流』。この本が最初に刊行されたのは１９８３年だ。１９８３年？　今から30年も前に書かれた本に、いまさらどんな意味があるのか？　と、若い人たちは思うかもしれない。１９９０年代初頭のバブル経済崩壊を経て暗い時代にどっぷりと入り込んでいる今の日本に比べて、経済成長率も比較的高い水準が維持され失業も非正社員もずっと少なかった頃の日本や東京は、さぞ楽しかったことだろうね、と思っているかもしれない。

違う。そうではないことを知ってもらいたいがために、私はこの本を取り上げた。１９８０年代において、すでに現在の日本の荒廃は準備されていた。確かにあの頃には、妙に白々とした明るさはあったかもしれない。しかし、少し目を凝らせば、その明るさの底に、嘔吐を催すような暗さが沈殿していたのが80年代だった。「三丁目」的に、あるいは「プロジェクトX《エックス》」的に、過去の日本を美化してノスタルジーに酔わないためにも、あの頃の暗さを今一度確かめておく必要がある。

この本の刊行と同じ1983年に、私は大学に進学するために地方から東京に出てきた。高校までを過ごした地方は私には虚ろに感じられていたが、下宿して初めて住んだ東京も、別の意味で馴染めない場所だった。その頃の東京では、ブランド物の洋服やイタリアンレストランが増殖し、原宿の歩行者天国では派手な衣装を着た竹の子族が踊っていた。でも、野暮ったくお金もない大学生だった私が、大学での授業とサークル以外にできることは、古本屋で買った文庫本を読み漁ったり、名画座で古い映画を立て続けに見たりすることくらいしかなかった。周囲の何もかもが嘘くさく張りぼてのように感じられ、自分が生きている時代と場所の手応えがつかめなかった。

そうして鬱々《うつうつ》としているときに、私はこの本と出合った。凝っている肩を強く揉まれるような、痛いけれど体の芯に届く言葉にやっと会えたと思った。

この本の著者である藤原新也氏は、写真家であり文筆家である。書名の『東京漂流』とは、もともと写真週刊誌『FOCUS』（新潮社、1981年創刊、2001年休刊）において藤原氏が1981年に連載していたシリーズ記事のタイトルである。しかしこの連載は6回目で打ち切られた。単行本としての『東京漂流』の後半には、この連載が始まって打ち切られるまでの経緯と、6回分の記事が写真とともに収められている。この本を手に取ったら、まずそれら一連の写真の頁《ページ》を開いてみるとよい。そこからは、藤原新也という人がどのような人か、そして彼の目に映ったその頃の日本がどのようなものだったかについて、濃い匂いのようなものがむっと立ち上ってくる。

個々の記事では、深川通り魔殺人事件、金属バット両親撲殺事件、至福への道《アナンダ・マ》協会《ルガ》・ヨガ教師失踪事件、バスガール情痴殺人事件という、当時注目を集めていたグロテスクな事件と、藤原氏自身が着目した野犬の毒殺が題材とされている。

そして連載打ち切りの原因となった最後の記事では、「ヒト食えば、鐘《かね》が鳴るなり法隆寺《ほうりゅうじ》／ニンゲンは、犬に食われるほど自由だ。」というキャッチコピーとともに、ガンジス河のほとりで犬が人間の死体をむさぼっている写真が掲載《けいさい》されている。なぜ藤原氏がこれら個々の題材と写真を選んだかについては、それぞれ詳しい説明がなされているのでここでは繰り返さない。ただ、その全体を貫く藤原氏の認識は、次のような言葉に集約されている。「彼ら（引用者注：突出した事件を起こした人々）は、この整備された管理社会の水面下で、その自己のカタルシスを清算すべく絶唱し、激怒し、爆笑し、絶叫し、乱舞し、乱食し、変態する方法すら持ち得ず、水面を突き破り、孤立したまま『自壊』してしまった人々である」（92頁）。

藤原氏がこの本で一貫して注視しているのは、戦後の高度経済成長期から1980年代に至るたかが20年余りの間に、「発展」や「豊かさ」や「効率性」の名のもとに、日本社会の人々がいかにその生の「根」を奪われ、空疎で上滑りな生活意識や関係性へと追い込まれてきたかということだ。様々な事件はそれがもたらす暗部が突発的に噴出したものだが、藤原氏の視線は「ニューファミリー」や「ボランティア」など、一見良いものに見える事象をも執拗に捉え、その歪《いびつ》さを抉《えぐ》り出している。

無理やりのように急激な経済成長を遂げた戦後日本では、一定の富を手にしながらも、様々な負荷や不自然さが人々の人生の中に堆積していた。中でも、地方からの大量の流入者を受け入れつつ膨張してきた東京では、その明暗がいっそう極端なかたちをとっていた。若い私が彷徨《さまよ》っていたのは、そういう時代のそういう場所だった。私はそれを、この本を通して理解した。続く90年代以降に、この社会の破綻は剝《む》き出しになる。現在の私たちは、そのような時間の流れの突端で生きている。過去を知ることは大事だけれど、答えは過去にはない。吐き気がするような過去であれば、それをしっかりと見据えた上でそこに別れを告げ、前へとのめるように進むしかない。

本田由紀（ほんだ・ゆき）
1964年、徳島県生まれ。社会学者。東京大学大学院教育学研究科教授。著書に『多元化する「能力」と日本社会』（NTT出版）、『若者と仕事』（東京大学出版会）、『もじれる社会』『教育の職業的意義』（以上、ちくま新書）、『軋む社会』（河出文庫）、『若者の気分　学校の「空気」』（岩波書店）、『社会を結びなおす』（岩波ブックレット）など。

世渡りなんぞ、やめなさい。

上野千鶴子

『聖書』

新共同訳　日本聖書協会　1987年

もしあなたが14歳なら。

「世渡り」なんぞ、考えないことです。

思春期のどまんなか。女の子なら初潮が始まり、いやおうなしにからだつきが変わり、男の子なら声変わりがし、むさくるしいと思っていた体毛が生えてくる人生の季節。目の前にいる母親や父親の生き方がまんま自分の将来のような気がして、ンな、バカな、と世の中まるごとリセットしたくなる年齢。高校進学が迫ってきて、友だちが偏差値で輪切りにされていき、自分のライフコースもそれで決まるような気分におしつぶされそうなころ。自分がだれかもわからないのに、友情だの恋愛だのというマジックワードにふりまわされてへとへとになる時期。

出て行く「世の中」がどんなものか、わからない。ましてその「世の中」を「渡る」ってどんなことか、ますますわからない。

「世の中」ってどんなものか、書いてある本を読んで予習することはできます。でも言っておくけど、そんなもの、何の役にも立ちませんから、読まなくてもいいです。あなたが世の中に出て行くころには、本に書いてあることと現実が違っているだけでなく、他人が生きた世の中は、しょせん、他人の人生。「世の中」について知るには、実際にそれに直面してからでも遅くありません。

まだ世の中に出ていないキミに必要なのは、「世渡り」術なんかじゃ、ありません。時流に乗り遅れまいとするのはおとなにまかせておきなさい。キミたちは時流に乗ってさえいないのですから、そんな世の中との追いかけっこをするにおよびません。大切なのは、もっと根本的な、にんげんとは何か、どういう生きものなのか、ことばを発明してから何千年ものあいだ、いったい何を考えてきたのか、という謎です。

そのためには絶好のテキストがあります。

『聖書』です。

信仰心を持たなくてもかまいません。神様に救ってもらおう、なんて思わなくてもかまいません。宗教書だと思わずに読めばよいのです。

2千年前に生まれたテキストが、2千年間、ひとびとに読み継がれ、ものすごく大きな影響力を与えてきたのはなぜなのか。罪人を処刑する十字架という血なまぐさいシンボルが、ヨーロッパの至るところにあるのはなぜか？ こんな荒唐無稽なテキストに、ひとびとが託そうとした思いは、いったい何なのか？

何世代にもわたって読み継がれてきた書物なら、『コーラン』を読むこともよいかもしれません。ですが、残念ながらわたしは『コーラン』を読んだことがありませんので、おすすめする資格がありません。

仏典もよいでしょう。が、経典は多すぎるので、これ1冊、というなら、原始仏典の『法句経《ほっくぎょう》』をおすすめします。生涯本を著《あらわ》さなかった仏陀《ぶっだ》が、弟子に語った問答を弟子が記録した、と言われるものです。

『聖書』の成り立ちも同じです。『聖書』はもともと、書物を書かなかったイエス・キリストの言動を、12人の使徒（弟子）のうち、4人が記録した見聞録です。4人がそれぞれに師の言動を記録したので、4つの異なるヴァージョン（マタイによる福音書《ふくいんしょ》、ルカによる福音書など）が残っています。

孔子《こうし》の『論語』も同じように、口述の問答の記録を弟子が書き記したものです。日本仏教について知りたいなら、親鸞《しんらん》の『歎異抄《たんにしょう》』もよいでしょう。これも親鸞の弟子が親鸞との問答を記録したものです。

こういうたぐいの時間を超えた書物ならなんでもよさそうなものですが、『論語』を読めば中国人のものの考え方が、仏典を読めばインド人の思想がわかります。『歎異抄』を読めば、日本という国と鎌倉という時代についてわかるでしょう。

わたしは若い頃に、『聖書』と『古事記』と『ウパニシャッド』とを同時に読みました。『聖書』を読むなら新約と旧約とを、両方読む方がよいでしょう。新約聖書が旧約聖書の何に対抗して登場したかが、わかるからです。『古事記』はお話として読むとおもしろい読みものですが、外国のひとに話しても伝わりません。『ウパニシャッド』は、文字で残された世界最古の哲学です。今から3千年近く前に、インド亜大陸のひとたちがこんなことを考えていたのか、とわかって、大きな衝撃を覚えたものです。3千年も前に、にんげんが考えうることはすべて考え尽くされているのか、と。

そのなかでもとりわけ『聖書』をおすすめするのは、「キリスト教世界」と呼ばれる地域が、わたしたちが生きている「近代」という時代をつくりあげ、今のような人間観や自然観をつくるもとになっているからです。『聖書』を読んだことがある、というのは、生涯にわたって大きな自信になります。ヨーロッパ人と話すときに、そうか、彼らが言っているのはあのことなのか、と共感はできないまでも、理解はできます。そしてそれからどう距離を置くか、を考えることもできます。

あなたが14歳なら。

時間とともに劣化しない書物をお読みなさい。あなた以前に何万人も、何百万、何千万のひとたちが読んできた書物をお読みなさい。

それがすぐれた書物だから、ではありません。

人間とは何か、人間はどんなことばを必要として生きてきたのかが、はらわたに沁みるようにわかるからです。

それは「世渡り」とは、まったく別のものです。

上野千鶴子（うえの・ちづこ）
1948年、富山県生まれ。社会学者。東京大学名誉教授。認定NPO法人ウィメンズアクションネットワーク理事長。日本の女性学・ジェンダー研究のパイオニア。著書に、『おひとりさまの最期』（朝日新聞出版）、『ケアのカリスマたち』（亜紀書房）、『おひとりさまの老後』（文春文庫）、『ケアの社会学』（太田出版）、『女ぎらい』（紀伊國屋書店）、『サヨナラ、学校化社会』（ちくま文庫）、『スカートの下の劇場』（河出文庫）などがある。

『中島らもの特選明るい悩み相談室　その①〜③』
中島らも（集英社文庫）……87
『肉体の悪魔』レイモン・ラディゲ／新庄嘉章 訳（新潮文庫）……70
『博物誌』ジュール・ルナール／岸田国士 訳（新潮文庫）……27
『火の鳥４・鳳凰編』手塚治虫（朝日新聞出版）……106
『フラニーとゾーイー』
J・D・サリンジャー／野崎孝 訳（新潮文庫）……38
『ふらんす物語』永井荷風（岩波文庫）……82
『冒険者カストロ』佐々木譲（集英社文庫）……118
『本当の戦争の話をしよう』
ティム・オブライエン／村上春樹 訳（文春文庫）……112
『宮本武蔵』吉川英治（講談社）……44
『問題があります』佐野洋子（筑摩書房）……10
『幼年期の終り』
アーサー・C・クラーク／福島正実 訳（ハヤカワ文庫）……16
『利己的な遺伝子』
リチャード・ドーキンス／
日高敏隆・岸由二・羽田節子・垂水雄二 訳（紀伊國屋書店）……132
『龍馬の手紙』宮地佐一郎（講談社学術文庫）……57
『論理哲学論考』
L・ウィトゲンシュタイン／野矢茂樹 訳（岩波文庫）……143
『若きウェルテルの悩み』ゲーテ／高橋義孝 訳（新潮文庫）……76

本書で紹介した本の一覧

※『書名』著者名（出版社名）……掲載ページ

『あめりか物語』永井荷風（岩波文庫）…… 82
『ウォーターシップ・ダウンのウサギたち』
リチャード・アダムズ／神宮輝夫 訳（評論社）…… 33
『おいしくできる きちんとわかる 基本の家庭料理 和食篇』
本谷惠津子 監修／婦人之友社 編（婦人之友社）…… 124
『オリエント急行の殺人』
アガサ・クリスティー／山本やよい 訳（ハヤカワ文庫）…… 164
『神様のみなしご』川島誠（角川春樹事務所）…… 22
『共産党宣言』
マルクス エンゲルス／大内兵衛・向坂逸郎 訳（岩波文庫）…… 175
『虚無への供物』中井英夫（講談社文庫）…… 138
『ゲーデルは何を証明したか――数学から超数学へ』
E・ナーゲル、J・R・ニューマン／林一 訳（白揚社）…… 149
『COTTON100%』AKIRA（現代書林）…… 94
『聖書』新共同訳（日本聖書協会）…… 186
『タブーの正体！――マスコミが「あのこと」に触れない理由』
川端幹人（ちくま新書）…… 157
『珍日本紀行　東日本篇／西日本篇』都築響一（ちくま文庫）…… 170
『東京日記』内田百閒（岩波文庫）…… 50
『東京漂流』藤原新也（朝日文庫）…… 180
『刺のないサボテン』高梨菊二郎（愛育文庫）…… 63
『賭博黙示録　カイジ』福本伸行（講談社）…… 100

本書は２０１２年5月に小社より刊行された
『ほかの誰も薦めなかったとしても
今のうちに読んでおくべきだと思う本を紹介します。』
（「14歳の世渡り術」シリーズ）を文庫化したものです。

10代《だい》のうちに本当《ほんとう》に読《よ》んでほしい「この一冊《いっさつ》」

二〇一六年 一 月一〇日 初版印刷
二〇一六年 一 月二〇日 初版発行

編　者 河出《かわで》書房新社編集部《しょぼうしんしゃへんしゅうぶ》
発行者 小野寺優
発行所 株式会社河出書房新社
〒一五一-〇〇五一
東京都渋谷区千駄ヶ谷二-三二-二
電話〇三-三四〇四-八六一一（編集）
〇三-三四〇四-一二〇一（営業）
http://www.kawade.co.jp/

ロゴ・表紙デザイン 粟津潔
本文フォーマット 佐々木暁
本文組版 株式会社創都
印刷・製本 中央精版印刷株式会社

Printed in Japan ISBN978-4-309-41428-7

右翼と左翼はどうちがう?

雨宮処凛　41279-5

右翼と左翼、命懸けで闘い、求めているのはどちらも平和な社会。なのに、ぶつかり合うのはなぜか？　両方の活動を経験した著者が、歴史や現状をとことん噛み砕く。活動家六人への取材も収録。

池上彰の選挙と政治がゼロからわかる本

池上彰　41225-2

九十五のダイジェスト解説で、日本の政治の「いま」が見える！　衆議院と参議院、二世議員、マニフェスト、一票の格差……など、おなじみの池上解説で、今さら人に聞けない疑問をすっきり解決。

スカートの下の劇場

上野千鶴子　47241-6

ひとはどうしてパンティにこだわるのか？　なぜ性器を隠すのか？　女はいかなる基準でパンティを選ぶのか？――女と男の非対称性に深く立ち入り、セクシュアリティの本質を下着を通して描ききった名著。

アーティスト症候群　アートと職人、クリエイターと芸能人

大野左紀子　41094-4

なぜ人はアーティストを目指すのか。なぜ誇らしげに名乗るのか。美術、芸能、美容……様々な業界で増殖する「アーティスト」への違和感を探る。自己実現とプロの差とは？　最新事情を増補。

大野晋の日本語相談

大野晋　41271-9

一ケ月の「ケ」はなぜ「か」と読む？　なぜアルは動詞なのにナイは形容詞？　日本人は外国語学習が下手なの？　読者の素朴な疑問87に日本語の泰斗が名回答。最高の日本語教室。

生物学個人授業

岡田節人／南伸坊　41308-2

「体細胞と生殖細胞の違いは？」「DNAって？」「プラナリアの寿命は千年？」……生物学の大家・岡田先生と生徒のシンボーさんが、奔放かつ自由に謎に迫る。なにかと話題の生物学は、やっぱりスリリング！

小川洋子の偏愛短篇箱

小川洋子〔編著〕　41155-2

この箱を開くことは、片手に顕微鏡、片手に望遠鏡を携え、短篇という名の王国を旅するのに等しい——十六作品に解説エッセイを付けて、小川洋子の偏愛する小説世界を楽しむ究極の短篇アンソロジー。

言葉の誕生を科学する

小川洋子／岡ノ谷一夫　41255-9

人間が"言葉"を生み出した謎に、科学はどこまで迫れるのか？　鳥のさえずり、クジラの泣き声……言葉の原型をもとめて人類以前に遡り、人気作家と気鋭の科学者が、言語誕生の瞬間を探る！

学校では教えてくれないお金の話

金子哲雄　41247-4

独特のマネー理論とユニークなキャラクターで愛された流通ジャーナリスト・金子哲雄氏による「お金」に関する一冊。夢を叶えるためにも必要なお金の知識を、身近な例を取り上げながら分かりやすく説明。

服は何故音楽を必要とするのか？

菊地成孔　41192-7

パリ、ミラノ、トウキョウのファッション・ショーを、各メゾンのショーで流れる音楽＝「ウォーキング・ミュージック」の観点から構造分析する、まったく新しいファッション批評。文庫化に際し増補。

異体字の世界　旧字・俗字・略字の漢字百科〈最新版〉

小池和夫　41244-3

常用漢字の変遷、人名用漢字の混乱、ケータイからスマホへ進化し続ける漢字の現在を、異形の文字から解き明かした増補改訂新版。あまりにも不思議な、驚きのアナザーワールドへようこそ！

日本料理神髄

小山裕久　40790-6

日本料理とは何か。その本質を、稀代の日本料理人が料理人志望者に講義するスタイルで明らかにしていく傑作エッセイ。料理の仕組みがわかれば、その楽しみ方も倍増すること請け合い。料理ファン必携！

心理学化する社会　癒したいのは「トラウマ」か「脳」か

斎藤環　40942-9

あらゆる社会現象が心理学・精神医学の言葉で説明される「社会の心理学化」。精神科臨床のみならず、大衆文化から事件報道に至るまで、同時多発的に生じたこの潮流の深層に潜む時代精神を鮮やかに分析。

世界一やさしい精神科の本

斎藤環／山登敬之　41287-0

ひきこもり、発達障害、トラウマ、拒食症、うつ……心のケアの第一歩に、悩み相談の手引きに、そしてなにより、自分自身を知るために——。一家に一冊、はじめての「使える精神医学」。

小説の読み方、書き方、訳し方

柴田元幸／高橋源一郎　41215-3

小説は、読むだけじゃもったいない。読んで、書いて、訳してみれば、百倍楽しめる！　文豪と人気翻訳者が〈読む＝書く＝訳す〉ための実践的メソッドを解説した、究極の小説入門。

女子の国はいつも内戦

辛酸なめ子　41289-4

女子の世界は、今も昔も格差社会です……。幼稚園で早くも女同士の人間関係の大変さに気付き、その後女子校で多感な時期を過ごした著者が、この戦場で生き残るための処世術を大公開！

自分はバカかもしれないと思ったときに読む本

竹内薫　41371-6

バカがいるのではない、バカはつくられるのだ！　人気サイエンス作家が、バカをこじらせないための秘訣を伝授。学生にも社会人にも効果テキメン！　カタいアタマをときほぐす、やわらか思考問題付き。

科学以前の心

中谷宇吉郎　福岡伸一〔編〕　41212-2

雪の科学者にして名随筆家・中谷宇吉郎のエッセイを生物学者・福岡伸一氏が集成。雪に日食、温泉と料理、映画や古寺名刹、原子力やコンピュータ。精密な知性とみずみずしい感性が織りなす珠玉の二十五篇。

こころ休まる禅の言葉

松原哲明〔監修〕　40982-5

古今の名僧たちが残した禅の教えは、仕事や人間関係など多くの悩みを抱える現代人の傷ついた心を癒し、一歩前へと進む力を与えてくれる。そんな教えが凝縮された禅の言葉を名刹の住職が分かりやすく解説。

生命とリズム

三木成夫　41262-7

「イッキ飲み」や「朝寝坊」への宇宙レベルのアプローチから「生命形態学」の原点、感動的な講演まで、エッセイ、論文、講演を収録。「三木生命学」のエッセンス最後の書。

内臓とこころ

三木成夫　41205-4

「こころ」とは、内蔵された宇宙のリズムである……子供の発育過程から、人間に「こころ」が形成されるまでを解明した解剖学者の伝説的名著。育児・教育・医療の意味を根源から問い直す。

「科学者の楽園」をつくった男

宮田親平　41294-8

所長大河内正敏の型破りな采配のもと、仁科芳雄、朝永振一郎、寺田寅彦ら傑出した才能が集い、「科学者の自由な楽園」と呼ばれた理化学研究所。その栄光と苦難の道のりを描き上げる傑作ノンフィクション。

生きていく民俗　生業の推移

宮本常一　41163-7

人間と職業との関わりは、現代に到るまでどういうふうに移り変わってきたか。人が働き、暮らし、生きていく姿を徹底したフィールド調査の中で追った、民俗学決定版。

周防大島昔話集

宮本常一　41187-3

祖父母から、土地の古老から、宮本常一が採集した郷土に伝わるむかし話。内外の豊富な話柄が熟成される、宮本常一における〈遠野物語〉ともいうべき貴重な一冊。

おとなの小論文教室。

山田ズーニー　40946-7

「おとなの小論文教室。」は、自分の頭で考え、自分の想いを、自分の言葉で表現したいという人に、「考える」機会と勇気、小さな技術を提出する、全く新しい読み物。「ほぼ日」連載時から話題のコラム集。

解剖学個人授業

養老孟司／南伸坊　41314-3

「目玉にも筋肉がある？」「大腸と小腸、実は同じ!!」「脳にとって冗談とは？」「人はなぜ解剖するの？」……人体の不思議に始まり解剖学の基礎、最先端までをオモシロわかりやすく学べる名・講義録！

淀川長治　究極の映画ベスト100〈増補新版〉

淀川長治　岡田喜一郎〔編・構成〕　41202-3

映画の伝道師・淀川長治生涯の「極めつけ百本」。グリフィス『散り行く花』から北野武『キッズ・リターン』まで。巻末に折々のベスト５等を増補。

淀川長治映画ベスト10＋α

淀川長治　41257-3

淀川長治がその年のアンケートに応えたベスト10とその解説。そして、ベスト５。さらには西部劇ベストやヴァンプ女優、男優ベスト、サイレントベスト……。巻末対談は蓮實重彦氏と「80年代ベスト」。

人間はどこまで耐えられるのか

フランセス・アッシュクロフト　矢羽野薫〔訳〕　46303-2

死ぬか生きるかの極限状況を科学する！　どのくらい高く登れるか、どのくらい深く潜れるか、暑さと寒さ、速さなど、肉体的な「人間の限界」を著者自身も体を張って果敢に調べ抜いた驚異の生理学。

FBI捜査官が教える「しぐさ」の心理学

ジョー・ナヴァロ／マーヴィン・カーリンズ　西田美緒子〔訳〕　46380-3

体の中で一番正直なのは、顔ではなく脚と足だった！　「人間ウソ発見器」の異名をとる元敏腕FBI捜査官が、人々が見落としている感情や考えを表すしぐさの意味とそのメカニズムを徹底的に解き明かす。